Yvonne Willicks

MEINE 111 BESTEN EINKAUFSTIPPS

Yvonne Willicks

MEINE 111 BESTEN EINKAUFSTIPPS

August 2018, 1. Auflage

© 2018 Edition Essentials GmbH & Co. KG, Heidelberg
info@edition-essentials.com

© WDR, Köln
Lizenziert durch die WDR mediagroup GmbH

Redaktion	Yvonne Willicks, Stefanie von Drathen
Lektorat	Eva-Maria Thürmer
Layout, Satz und Illustrationen	TW Werbeagenten Heidelberg GmbH
Bildnachweise	Luca Siermann, Yvonne Willicks

Gedruckt in Deutschland.

ISBN: 978-3-947670-00-0

Yvonne Willicks

MEINE 111 BESTEN EINKAUFSTIPPS

VORWORT

Auch ich bin oft von der Masse an Artikeln im Supermarkt oder in der Drogerie überwältigt – und überfordert: so viele unterschiedliche Verpackungen, Farben, Varianten, Duft- und Geschmacksrichtungen und Marken; oft sogar für ein und dasselbe Produkt! Die Qual der Wahl. Da steh ich dann ratlos davor und frage mich, was ist denn jetzt eigentlich das Richtige für mich? Und das, obwohl ich durch meinen Beruf ja regelmäßig die Gelegenheit bekomme, viele Produkte ausführlich zu begutachten und unter die Lupe zu nehmen. Wie geht es da erst berufstätigen Müttern und Vätern, die ihre Einkäufe nebenbei nach der Arbeit noch schnell auf dem Weg nach Hause erledigen müssen? Zwangsläufig landen da Fehlkäufe und Überflüssiges im Einkaufskorb. Ist mir auch schon unzählige Male passiert – und passiert mir auch immer noch! Oft muss es halt einfach schnell gehen. Das ist ja auch in der Regel kein großes Drama. Besonders wichtig ist eine gut durchdachte Entscheidung aber bei größeren Anschaffungen, wie Küchen- oder großen Elektrogeräten. Da solltet ihr besser nicht auf die Schnelle zuschlagen! Ja, ich habe mir auch schon mal was aufschwatzen lassen, was ich weder

wollte noch brauchte. Und warum? Weil ich nicht wusste, was der Markt zu bieten hat und was überhaupt eine sinnvolle Ausstattung für eine 5-köpfige Familie ist – und was einfach nur überflüssiges teures Chichi. So ein Fehlkauf ist mir nur einmal passiert! Danach habe ich mich, BEVOR ich ins Geschäft ging, informiert, was für unsere Familie zweckmäßig ist und was nicht. Wissen ist nämlich (Kunden-)Macht!

Auch für die alltäglichen Besorgungen gibt es einfache Kniffe, die helfen, Kaufentscheidungen zu treffen, die Zeit und Geld sparen (und eventuell sogar noch gutes Karma zu sammeln). Gezielt shoppen, statt sich im Geschäft inspirieren zu lassen, das ist mein Motto. Denn wer weiß, was er eigentlich kaufen möchte, ist in der

Regel schneller mit der nervigen Auswahl fertig und hat bessere Chancen, sich für das Richtige zu entscheiden. Deswegen hier meine 111 besten Tipps, die das Einkaufen hoffentlich ein bisschen leichter machen!

Ich freue mich, dass Klaus Müller, den ich aus seiner Zeit als Chef der Verbraucherzentrale Düsseldorf kennen und schätzen gelernt habe, sich Zeit für ein Gespräch genommen hat. Mittlerweile ist er in Berlin als Vorsitzender des Verbraucherzentrale Bundesverbands ständig für die Rechte von uns Kunden im Einsatz!

Und jetzt viel Spaß beim Lesen und Ausprobieren der vielen Tipps!

Eure Yvonne

Herr Müller, wie oft kommen Sie denn noch zum Einkaufen in den Supermarkt?

Klaus Müller: Unter der Woche bin ich viel unterwegs und esse deshalb oft außerhalb. Aber an den Wochenenden bin ich regelmäßig auf dem Markt oder im Supermarkt. Ich gehe gerne einkaufen, um zu sehen, welche neuen Produkte es gibt, und mich für neue Gerichte inspirieren zu lassen.

Worüber ärgern Sie sich am meisten?

Klaus Müller: Beim Gang durch den Supermarkt fallen mir immer wieder unklare, unübersichtliche oder schlecht leserliche Produktkennzeichnungen auf. Was ist wirklich drin im Produkt und wo kommt es her? Das ist oft nicht auf den ersten Blick erkennbar. „Ungesüßter" Cappuccino mit fast 50 % Zucker oder Mozzarella-Pizza mit mehr Edamer als Mozzarella: Ich fühle mich als Verbraucher leider immer noch zu oft getäuscht. Das sehen übrigens auch viele andere Menschen so. Fast 80 % wünschen sich eine klarere Kennzeichnung.

Welche Erfolge können sich Verbraucherschützer auf ihre Fahne schreiben?

Klaus Müller: Die neue Bundesregierung hat sich auf die Einführung eines staatlichen Tierwohllabels verständigt, für das der Verbraucherzentrale Bundesverband schon lange kämpft. Viele Verbraucher wollen heute wissen, wie das Tier gelebt hat, dessen Fleisch sie essen. Im Supermarkt kann ich aber derzeit nicht unterscheiden – abgesehen vom Bio-Label – ob ein Bauer in seinem Stall höhere Tierwohlstandards anlegt oder nicht. Darum findet

bislang faktisch nur ein Wettbewerb um den günstigsten Preis statt. Das ändert sich nun hoffentlich bald.

Aber auch in anderen Bereichen haben wir Erfolge erzielt. Die Musterfeststellungsklage soll endlich kommen und Verbraucherinnen und Verbrauchern künftig einfacher und schneller zu ihrem Recht verhelfen. Auch können die vorhandenen drei Marktwächter in den Bereichen Digitales, Finanzmarkt und Energie ihre erfolgreiche Arbeit fortsetzen und die Märkte weiterhin im Auge behalten.

Welche Informationsmöglichkeiten nutzen Sie, wenn neue Töpfe, Messer oder Haushaltsgeräte angeschafft werden müssen?

Klaus Müller: Wie viele Verbraucher führt mich die erste Recherche über neue Produkte oft ins Internet. Die Stiftung Warentest ist eine gute Anlaufstelle, um Bewertungen von Haushaltsgeräten und Co zu finden.

Können Sie den Begriff „mündiger Verbraucher" noch hören?

Klaus Müller: Ich höre ihn jedenfalls noch ziemlich oft. Das Leitbild des mündigen Verbrauchers als Gegenwartsbeschreibung ist aber veraltet und hat zu wenig mit der Verbraucherrealität zu tun. Wir gehen nicht mehr nur von einem, sondern von mindestens drei Verbrauchertypen aus: dem verantwortungsbewussten, dem vertrauenden und dem verletzlichen Verbraucher. Sie alle haben unterschiedliche Bedürfnisse, die berücksichtigt werden müssen. Was die meisten Verbraucher zweifellos gemein haben, ist, dass sie im Supermarkt nicht lange Lebensmittelverpackungen studieren, sondern mit Lust und gutem Gewissen einkaufen möchten. Es ist daher notwendig, dass sich die Politik mit den Bedürfnissen von Verbrauchern auseinandersetzt, und zwar immer wieder aufs Neue.

Klaus Müller, Vorsitzender des Verbraucherzentrale Bundesverbands

Was muss geschehen, damit Verbraucher es leichter haben, gute Kaufentscheidungen zu treffen?

Klaus Müller: Die neue Bundesregierung hat eine lange Liste an Aufgaben. Neben der Einführung des Tierwohllabels spielt auch Sicherheit eine große Rolle im Einkaufsalltag von Verbrauchern. Wir leben in Zeiten globaler Warenströme und eines wachsenden Onlinehandels. Auch das Lebensmittelangebot verändert sich stetig. Das stellt die Lebensmittelüberwachung vor große Herausforderungen. Doch die Überwachung, für die die Bundesländer zuständig sind, ist diesen

Herausforderungen an vielen Stellen nicht gewachsen. Die Lebensmittelüberwachung braucht mehr Ressourcen und eine stärkere Vernetzung von Kontrollbehörden und Datenbanken. Auch in der Ernährungspolitik muss einiges passieren. Deutschland wird immer dicker. Hier muss die neue Bundesregierung endlich mit geeigneten Maßnahmen gegensteuern. Das kann beispielsweise in Form einer Nährwertampel passieren. Verbraucher können dann eine selbstbestimmtere Entscheidung treffen, welches Produkt sie in den Einkaufswagen legen möchten – und welches nicht.

TV-TIPP

Tipps mit dem Fernseher habe ich bereits im Fernsehen präsentiert – und für so gut befunden, dass sie auch zu meinen 111 besten Tipps zählen.

LIFE-HACK

Tipps mit der Glühbirne sind praktische Tipps, die auf kreative Art den Alltag einfacher machen. Gewusst wie!

ALLGEMEINE
EINKAUFSTIPPS

Ich kauf mir was.
Kaufen macht so viel Spaß.
Ich könnte ständig kaufen gehen.
Kaufen ist wunderschön.

Das ist ein uralter Song von Herbert Grönemeyer, der sehr schön beschreibt: Wir sind eine Konsumgesellschaft! Wir verdienen Geld, um es wieder auszugeben. Der Shoppingkater kommt erst, wenn wir merken, dass wir wieder zu viel ausgegeben, wieder doppelt gekauft haben!

Die meisten von uns haben kein unbegrenztes Budget und müssen haushalten, um aus dem, was sie zur Verfügung haben, das Beste rauszuholen!

In der hauswirtschaftlichen Fachsprache nennt man das „ökonomisches Prinzip", und es gibt drei unterschiedliche Formen.

MINIMALPRINZIP

Das Minimalprinzip wird auch SPARSAMKEITSPRINZIP genannt. Hier geht es darum, ein vorher festgelegtes Ziel mit möglichst geringem Einsatz an Mitteln zu erreichen.

Wichtig hierbei ist, dass vorher ein Ziel definiert wird. Zum Beispiel eine Feier mit einem möglichst geringen Budget zu planen. Die Feier ist das Ziel, das Geld ist das knappe Mittel.

MAXIMALPRINZIP

Nun kommt es aber auch vor, dass sich ein Ziel nicht genau definieren

Beim Minimalprinzip (links) soll möglichst günstig gewirtschaftet werden.
Beim Maximalprinzip (rechts) soll möglichst viel herausgeholt werden.

lässt, aber die einsetzbaren Mittel dafür begrenzt sind. Zum Beispiel, wenn ich aus einer geernteten Menge von 20 kg Äpfeln möglichst viel Apfelsaft herstellen will. Das Ziel ist der Saft, die Äpfel das Mittel. Das Maximalprinzip wird auch als ERGIEBIGKEITSPRINZIP bezeichnet. Ziel ist es, mit einem festgelegten Einsatz an Mitteln den höchstmöglichen Ertrag zu erreichen.

OPTIMUMPRINZIP ODER EXTREMUMPRINZIP

Das OPTIMUMPRINZIP ist die beste Kombination aus Minimal- und Maximalprinzip. Das Ziel ist, mit möglichst geringem Einsatz der Mittel einen möglichst hohen Ertrag zu erreichen, also die Mittel optimal zu nutzen. Klar, es ist nicht möglich, mit minimalem Einsatz ein maximales Ergebnis zu erzielen, aber Einsatz und Ergebnis können variabel an die Situation angepasst werden.

Als ich meine hauswirtschaftliche Ausbildung begonnen habe, war diese Erkenntnis für mich der Schlüssel zum Sparen! Und auch wenn es wirklich eine der laaaaaaaaangweiligsten und nervtötendsten Aufgaben ist: Ein Haushaltsbuch mal über sechs

Das Optimum herausholen bedeutet ...

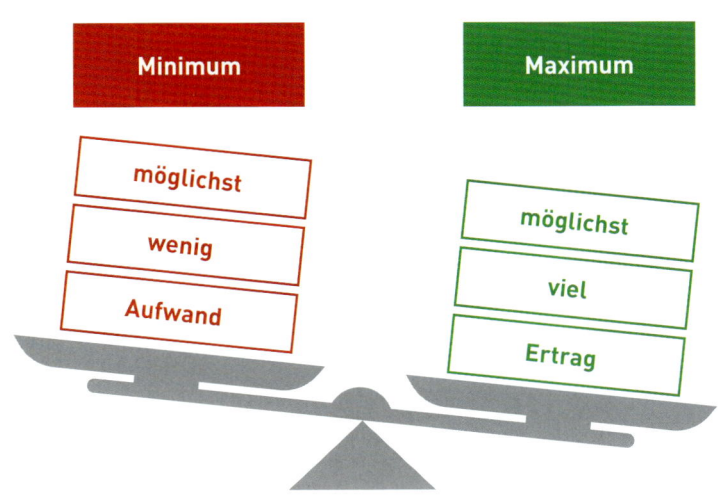

Monate zu führen, öffnet die Augen für all die unnötigen Einkäufe, zu denen uns der Handel verführt. Denn das muss nun auch jeder wissen: Sobald wir einen Konsumtempel betreten, ist es so gut wie aus mit dem freien Willen! Wir sind stammesgeschichtlich einfach so konditioniert. Als Jäger- und SammlerInnen belohnt uns unser limbisches System im Gehirn mit Glücksgefühlen, wenn wir einen vollen Einkaufswagen vor uns herschieben, ein neues Parfüm ergattert oder trendige Sportschuhe im Internet bestellt haben. Wie gesagt, wenn da nur die Sache mit dem begrenzten Budget nicht wäre …

1 Bargeld

Bezahle immer mit Bargeld! Dann behältst du besser den Überblick, wie viel du ausgibst.

2 Wie viel Geld für was?

Führe ein Haushaltsbuch! Zumindest mal vorübergehend … Dann weißt du, wofür du dein Geld verwendest.

3 Einkaufszettel

Schreibe dir Einkaufszettel! Dann kaufst du nur das, was du wirklich brauchst.

Tipp 1: Lieber in bar zahlen! Geld wirkt im Gehirn wie eine Droge. Eine US-Studie belegt, dass Kunden, die Bargeld verwenden, weniger ausgeben als diejenigen, die mit Karte zahlen.

4 Organizer

Ein hübscher und praktischer Einkaufslisten-Organizer lässt sich ganz leicht aus einer Leinwand, einer leeren Schachtel (zum Beispiel Teepackung) und einer Klopapierrolle basteln.

5 Kassenware

Kaufe niemals „Quengelware" an der Kasse! Süßigkeiten im Supermarkt, Batterien im Elektrofachmarkt oder Teelichter im Möbelladen.

EINKAUFSLISTE

Äpfel
Kartoffeln
Müsli
Käse
Quark
Erdbeeren
Essig
Brot
Spülmittel
Wattepads
Peeling
Korkenzieher

Tipp 4: Bastelanleitung für Einkaufsorganizier: Die Unterseite einer Klopapierrolle mit Pappe zukleben. Schachtel und Rolle anmalen (auch innen) und gut trocknen lassen. Die Leinwand beschriften oder verzieren. Danach die bemalte Schachtel und die Papprolle auf die Leinwand kleben. Eine Bastelkordel für die Zettel quer über die Leinwand spannen und befestigen (Sekundenkleber!). Kleine Wäscheklammern an die Kordel klemmen, Zettel in die Schachtel und Stifte in die Rolle – fertig!

6 Getränke zum Mitnehmen

Kaufe keinen Coffee to go oder Ähnliches! Umweltsünde und teuer.

7 Preisvergleich

Vergleiche Preise! Vielleicht gibt es das Produkt in einem anderen Geschäft günstiger. Vergleiche auch online auf verschiedenen Kanälen! Manchmal variieren Preise je nach Zugriffsgerät (Smartphone, Rechner, Tablet).

8 Drüber schlafen

Fotografiere das Objekt deiner Begierde und schau dir das Bild am nächsten Tag an. Brauchst du das Teil immer noch? Meistens ist es am Tag danach gar nicht mehr so wichtig. Auch bei Onlinekäufen besser eine Nacht warten und am nächsten Morgen noch mal in den Warenkorb gucken.

9 Gezielt shoppen

Hüte dich vor Spontankäufen! Denke vor dem Kauf noch mal einen Moment darüber nach, ob du das Produkt wirklich willst.

Werde ich es später noch genauso genial finden?

Macht es mich glücklich?

Wie oft verwende ich es?

Passt es zu den Dingen, die ich schon habe?

Habe ich etwas Ähnliches?

Brauche ich das wirklich?

Wo bewahre ich es auf?

Tipp 9: Kaufimpuls überdenken! Überlege dir, ob du den Artikel wirklich willst oder brauchst.

SIEGELKUNDE

Diese Siegel solltest du kennen:

✓ Das **EU-BIO-LABEL** garantiert, dass es sich um ein Bio-Lebensmittel nach EU-Standards handelt. Der Ökolandbau arbeitet besonders ressourcenschonend und umweltverträglich, so sind etwa viele Pestizide verboten. Die Anforderungen an Tierhalter sind deutlich höher als in der konventionellen Landwirtschaft.

✗ Einigen Bio-Verbänden sind die Standards der EU nicht streng genug.

✓ Auch das **DEUTSCHE BIO-SIEGEL** kennzeichnet verpackte, ökologisch erzeugte Produkte und Lebensmittel, die mindestens dem EU-Standard entsprechen.

✗ Einigen Bio-Verbänden sind die Standards der EU nicht streng genug.

✓ Fleisch mit dem **„FÜR MEHR TIERSCHUTZ"-LABEL** des Deutschen Tierschutzbundes stammt aus einer tiergerecht(er)en Haltung mit mehr Platz, Auslauf, Einstreu und einer (möglichst) stressfreien Schlachtung.

✗ Die Kennzeichnung gibt es in zwei Stufen, die optisch kaum zu unterscheiden sind. Ein Stern steht für die Einstiegsstufe, zwei Sterne für die Premiumstufe mit deutlich höheren Anforderungen.

Auf vielen Produkten prangen Labels, Logos und bunte Kennzeichnungen. Nur die wenigsten sind wirklich wichtig. Aber die solltest du kennen.

Auch das **„TIERSCHUTZ-KONTROLLIERT"-SIEGEL** des Tierschutzvereins „Vier Pfoten" kennzeichnet Produkte von Tieren, die unter besseren Bedingungen leben als in der konventionellen Tierhaltung.

Das „Tierschutz-kontrolliert"-Siegel ist ebenfalls zweistufig und die Anforderungen für die Premiumstufe deutlich höher.

Die Fleischprodukte mit dem **NEULAND-LOGO** garantieren eine tiergerechtere Haltung. Hier wird Tierschutz von Geburt bis zu Schlachtung berücksichtigt.

✓ Auf dem **REGIONALFENSTER** ist zu erkennen, aus welcher Region die Rohwaren für das gekennzeichnete Lebensmittel stammen, wo es verarbeitet wurde und wie hoch die Mindest-Regioquote ist. Da der Begriff „regional" nicht geschützt ist, ist das Regionalfenster ein sinnvolles Zeichen für mehr Transparenz, vor allem für Monoprodukte wie Möhren, Tomaten, Kartoffeln etc.

✗ Die Größe der „Region" beträgt zum Teil sieben Bundesländer. Die Regioquote für zusammengesetzte Produkte, wie Wurst, ist vielen Verbraucherverbänden mit nur 51 % zu niedrig.

✓ Milchprodukte, Eier oder Fleisch mit „**OHNE GENTECHNIK**"-SIEGEL stammen von Tieren, die ohne Gen-Futter aufgezogen wurden. Sie dürfen keine nachweisbaren gentechnisch veränderten Bestandteile enthalten und keine Zusatzstoffe, Enzyme oder Vitamine, die mithilfe von Gentechnik hergestellt wurden.

✗ Auch in gentechnikfreiem Tierfutter sind gentechnisch veränderte Pflanzen bis zu einem Schwellenwert von 0,9 % erlaubt, sowie gentechnisch hergestellte Zusätze, wie Enzyme und Vitamine.

✓ Nahrungsmittel, die das **EUROPÄISCHE VEGETARIER-SIEGEL** tragen, beinhalten keine tierischen Bestandteile und sind in keinem Produktionsschritt mit getöteten Tieren in Berührung gekommen. Die **VEGANE VARIANTE** kennzeichnet Lebensmittel ohne jeglichen Kontakt zu tierischen Produkten.

✅ Die **EUROPÄISCHE VEGANBLUME** ziert Kosmetika, Lebensmittel und Kleidung. Sowohl Produkt als auch Produktionsprozess sind tierbestandteil- und tierversuchsfrei.

✅ Für Waren mit dem **FAIRTRADE-SIEGEL** erhalten die Produzenten in Afrika, Lateinamerika und Asien höhere Preise als auf dem Weltmarkt üblich. Die Bauern arbeiten unter besseren Bedingungen und haben höhere Sozialstandards. Bei Anbau und Produktion wird Wert auf Umweltschutz und Nachhaltigkeit gelegt.

❌ Bei Monoprodukten (wie Bananen oder Kaffee) müssen immer 100 % faire Zutaten verwendet werden, bei zusammengesetzten Produkten (wie zum Beispiel Keksen) dagegen nur 20 %.

Bei mir zu Hause gibt es nur fair gehandelten Kaffee. Ich finde es unmöglich, dass überhaupt nicht fair gehandelter Kaffee verkauft werden darf! Die Kaffeebauern sollten schließlich von ihrer schweren Arbeit leben können, oder?

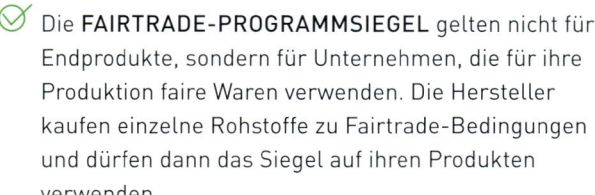

✓ Die **FAIRTRADE-PROGRAMMSIEGEL** gelten nicht für Endprodukte, sondern für Unternehmen, die für ihre Produktion faire Waren verwenden. Die Hersteller kaufen einzelne Rohstoffe zu Fairtrade-Bedingungen und dürfen dann das Siegel auf ihren Produkten verwenden.

✗ Produkt- und Programmsiegel können leicht verwechselt werden. Die Unterschiede sind kaum bekannt.

✓ Noch fairer als bei Fairtrade sind die Produkte mit dem **„FAIR PLUS"-LOGO** von GEPA. Die GEPA verfolgt keine kommerziellen Ziele, so kommen alle Gewinne den Produzenten zugute.

✓ Der mit dem **UTZ-LABEL** gekennzeichnete Kaffee, Kakao und Tee ist nachhaltig(er) angebaut und vermarktet als konventionelle Ware, allerdings mit weniger anspruchsvollen Kriterien als Fairtrade.

✗ UTZ sichert seinen Landwirten keine Mindestpreise für die Rohwaren zu. Bei Kaffee und Kakao muss der nachhaltige Anteil nur 30–90 % betragen. Bei Tee nur 30 %.

✓ Produkte, die das **RSPO-SIEGEL** tragen, beinhalten nachhaltig produziertes Palmöl. Die Anforderungen:
· Schutz von Tieren und Pflanzen auf der Plantage
· Keine Rodung von Primärwäldern
· Beachtung von Eigentumsrechten
· Einbeziehung örtlicher Kleinbauern
· Regelmäßige Kontrollen der Plantagen

⊗ Umweltverbände haben mehrere Verstöße gegen Richtlinien nachgewiesen. Regenwaldrodung ist nicht ausgeschlossen.

⊘ Besonders nachhaltig ist **PALMÖL** aus biologischem Anbau. Es unterliegt den strengen Öko-Kriterien. Hier wird genau darauf geachtet, wie die Plantagen entstehen. Wenn schon Palmöl, dann bitte bio!

⊘ Das EU-Gütezeichen für „**GESCHÜTZTE URSPRUNGSBEZEICHNUNG" (G.U.)** tragen Lebensmittel, die in einem bestimmten geografischen Gebiet nach einer anerkannten und festgelegten Methode erzeugt, verarbeitet oder hergestellt wurden. Wie Allgäuer Emmentaler oder Parma-Schinken.

⊘ Beim EU-Gütezeichen „**GESCHÜTZTE GEOGRAFISCHE ANGABE" (G.G.A.)** muss nur eine Produktionsstufe (Erzeugung, Verarbeitung oder Herstellung) im Herkunftsgebiet stattfinden.

⊗ Verwechslungsgefahr mit G.U.-Zeichen, aber deutlich niedrigere Anforderungen. Das Fleisch für den Schwarzwälder Schinken etwa muss NICHT aus dem Schwarzwald kommen.

⊘ Produkte, die das Gütesiegel „**GARANTIERT TRADITIONELLE SPEZIALITÄT" (G.T.S.)** tragen, sind traditionell zusammengesetzt oder hergestellt.

⊗ Leicht zu verwechseln mit den anderen EU-Gütezeichen. Es sagt nichts über die Herkunft des Produkts oder der Zutaten aus. Lebensmittel mit diesem Zeichen können in der ganzen EU hergestellt werden.

✅ Produkte und Dienstleistungen mit dem **BLAUEN ENGEL,** dem deutschen Umweltzeichen, sind umweltfreundlicher als vergleichbare Produkte und Dienstleistungen. Es klebt zum Beispiel auf Reinigungsprodukten, Elektrogeräten, Textilien, Farben und Lacken.

⊗ Das Zeichen ist keine Garantie für Umweltfreundlichkeit. Es sagt nur aus, dass das Produkt umweltverträglicher ist als ein vergleichbares.

✅ Auch das europäische Umweltzeichen **ECOLABEL** kennzeichnet Produkte und Dienstleistungen, die geringere Umweltauswirkungen haben als vergleichbare Produkte.

⊗ Das Zeichen ist keine Garantie für Umweltfreundlichkeit. Es sagt nur aus, dass das Produkt umweltverträglicher ist als ein vergleichbares.

✅ Das **MSC-LOGO** steht für nachhaltigen Fischfang mit den geringstmöglichen Auswirkungen auf das Ökosystem und den Schutz der Fischbestände. In den Standards ist auch ein verantwortungsvolles und effektives Management der Fischereien vorgeschrieben.

⊗ Umweltorganisationen kritisieren, dass die Standards nicht befolgt werden, zu schwach und unklar formuliert sind. Außerdem müssten für eine Zertifizierung nur 60–80 % der Vorgaben erfüllt werden. Studien haben belegt, dass Fischbestände trotz langjähriger MSC-Zertifizierung überfischt sind. Der WWF, selbst Mitbegründer des MSC, hält Reformen für notwendig.

✓ Das **BDIH-PRÜFZEICHEN** kennzeichnet kontrollierte Naturkosmetik. Verwendete Rohstoffe stammen (soweit möglich) aus biologischem Anbau oder kontrollierter Wildsammlung. Rohstoffe aus toten Wirbeltieren, Tierversuche, Silikone, Paraffine, ethoxilierte Rohstoffe, synthetische Duftstoffe und organisch-synthetische Farbstoffe sind verboten. Die Produkte müssen umwelt- und ressourcenschonend hergestellt werden.

⊗ Einigen Naturkosmetik-Herstellern sind die Kriterien nicht streng genug.

✓ Höhere Anforderungen hat das **NATRUE-BIOKOSMETIK-SIEGEL.** Erlaubt sind nur natürliche und biologische Inhaltsstoffe. Alle Produkte müssen umweltfreundlich und schonend hergestellt werden. Synthetische Duft- oder Farbstoffe, Silikonöle, Mineralöle, Bestrahlung und Tierversuche sind verboten.

✓ Mit dem **GEPRÜFTE-SICHERHEIT-PRÜFZEICHEN** garantiert der Hersteller, dass das Produkt die Qualitäts- und Sicherheitsstandards des deutschen Produktsicherheitsgesetzes erfüllt und für den Verbraucher sicher ist.

⊗ Das Prüfzeichen findet sich auch auf Produkten minderer Qualität.

☒ Holz- und Papierprodukte mit dem **FSC-SIEGEL** stammen aus ökologisch und sozial verantwortlicher Waldbewirtschaftung. Es gibt drei Label:
- · „100 %" steht für Produkte, die komplett aus FSC-zertifizierten Wäldern stammen
- · „Mix" enthält Materialien aus zertifizierten Wäldern und/oder Recyclingmaterial und Material aus „kontrollierten Quellen"
- · „Recycled" steht für Produkte, die ausschließlich Recyclingmaterial verwenden

☒ Umweltverbände kritisieren, dass FSC auch Tropenholz und Holz aus Monokulturen zertifiziert. Sie bewerten die Zertifizierung als nicht transparent und auch die Standards als nicht streng genug.

MACH DEN SIEGEL-CHECK!

Es gibt viele Internetseiten, auf denen du einen Siegel-Check machen kannst. Auf der Internetseite **www.label-online.de** findest du Erläuterungen und Bewertungen zu Hunderten Siegeln, Logos und Prüfzeichen. Alleine für den Bereich Lebensmittel mehr als 160.

Weitere interessante Infos findest du auch auf den Seiten: **www.siegelklarheit.de** und **www.nachhaltiger-warenkorb.de**

SUPERMARKT

GANZ EHRLICH: Ich hasse Einkaufen. Also diesen stinknormalen Lebensmitteleinkauf mein ich jetzt, mit drei Kleinkindern am Bein, wenig Geld und Zeit und blanken Nerven.

Als meine Familie quasi 24 Stunden am Tag versorgt werden musste (in den frühen 90ern), waren die Ladenöffnungszeiten noch sehr übersichtlich. Um 18:30 Uhr war Schicht. Danach gab es nur noch die (überteuerte) Tanke für Notfälle! Die morgendliche Öffnungszeit ab 07:00 Uhr war für mich nie wirklich eine Alternative!

Lediglich am „langen Donnerstag" konnte ich länger in die Geschäfte. Ich habe mir damals angewöhnt, mit einem gut strukturierten Einkaufszettel und ohne Kinder in den Supermarkt zu stürzen, wenn mein Mann oder eine Nachbarin die Kids übernommen hatte. Ich klebte am Einkaufszettel. Deswegen war ich immer ziemlich schnell fertig und habe auch (zumindest im Supermarkt) nicht zu viel Geld ausgegeben! Meine Kaufentscheidungen habe ich nach Preis und Saison getroffen, also auch damals schon keine Erdbeeren im Winter gekauft.

Kriterien wie fair, regional oder bio waren noch nicht in meinem Bewusstsein, und wahrscheinlich war es darum auch einfacher, flott durch den Laden zu kommen.

Der Verbraucherschutz kam gerade erst auf. Man denke nur an Werbesprüche wie „So wertvoll wie ein kleines Steak" für einen überzuckerten Frischkäsequark. Oder an die Bilder auf den Verpackungen: extra saftige Orangen auf Fruchtsaftgetränken, bei denen bei der Produktion noch nicht mal eine Apfelsine vorbeigeschwommen ist. So etwas ist heutzutage nahezu aus den Supermarktregalen verschwunden. Zum Glück!

Gerade beim Lebensmitteleinkauf sind unsere Ansprüche deutlich gestiegen – und die Hersteller werden mit Argusaugen von uns VerbraucherschützerInnen beobachtet. Gut so! Denn egal wie viel wir zur Verfügung haben, das Budget ist immer knapp! Wer an unser Geld will, der muss sich anstrengen mit seinem Produkt – und was Gutes liefern. Und wenn ihr die wichtigsten Tricks von Handel und Herstellern kennt, könnt ihr zusätzlich noch viel Geld sparen.

KENNST DU DIE TRICKS, SPARST DU GELD!

   **10–20 Minuten**

EINKAUFS-ZETTEL

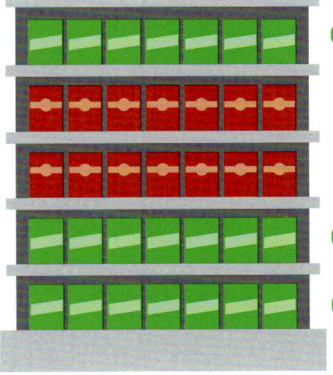

GÜNSTIG

TEUER

TEUER

GÜNSTIG

GÜNSTIG

MEINE EINKAUFSTIPPS

- ☐ **ZEITLIMIT** und **KOPFHÖRER** statt entspannendes Musik-Gedudel und Wohlfühl-temperatur (19 Grad)
- ☐ **GÜNSTIGE PRODUKTE** stehen oben und unten – teure Produkte auf Augenhöhe
- ☐ **BARGELD** statt EC-Karte
- ☐ **EINKAUFSZETTEL** hilft gegen Spontankäufe
- ☐ **KORB** statt Wagen

VOR DEM EINKAUF

10 Nichts dem Zufall überlassen

Plane deine Mahlzeiten! Am besten gleich für mehrere Tage. Dann kannst du auch Reste wie übrig gebliebene Kartoffeln etc. verwerten.

11 Vorher was essen

Gehe nicht hungrig ein-kaufen! Supermärkte arbeiten mit Gerüchen, um Geschmack und Hormone anzuregen. Die Wohlfühl-atmosphäre lässt dich länger im Laden bleiben, damit du mehr einkaufst. Nach dem Essen verlockt der Duft von frischen Brötchen nicht so leicht zum Bleiben …

12 Nimm den Korb

Benutze (außer beim Großeinkauf) **NIE** den Wagen, sondern nimm das Körbchen. Das ist auf die Dauer unbequem und treibt dich schnell wieder aus dem Shoppingtempel.

13 Einkaufsschlüssel

Wenn es trotzdem der Wagen sein muss und die Münze grad nicht zur Hand ist: Schlüssel benutzen! Aber nicht vergessen wieder abzuziehen!

14 Tasche dabei?

Nimm **IMMER** eine Einkaufs-tasche mit. Lagere Klappkisten im Auto und packe gleich auf dem Supermarktparkplatz so, wie die Lebensmittel zu Hause eingeräumt werden müssen (Kühlschrankkiste, Kellerkiste, Vorratsschrank etc.). Ins Auto gehört auch eine Kühl-tasche, damit bei gekühlter oder gefrorener Ware die Kühlkette nicht unterbrochen wird.

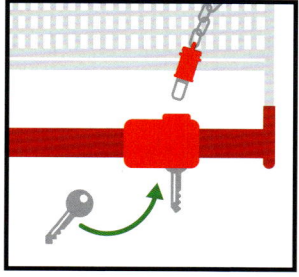

Tipp 13: Münze für den Einkaufswagen vergessen?
Versuch's mal mit der Rückseite deines Wohnungsschlüssels!

WOCHENSPEISEPLAN

Tipp 10: Ein Speiseplan erleichtert den Einkauf. Hier eine Vorlage zum Kopieren!

MONTAG
Gericht

Salat /
Nachtisch

Kochbuch
Seite

DIENSTAG
Gericht

Salat /
Nachtisch

Kochbuch
Seite

MITTWOCH
Gericht

Salat /
Nachtisch

Kochbuch
Seite

DONNERSTAG
Gericht

Salat /
Nachtisch

Kochbuch
Seite

FREITAG
Gericht

Salat /
Nachtisch

Kochbuch
Seite

SAMSTAG
Gericht

Salat /
Nachtisch

Kochbuch
Seite

SONNTAG
Gericht

Salat /
Nachtisch

Kochbuch
Seite

SONSTIGES
Ideen

Einkaufen

15 Richtungswechsel

Die günstigen Produkte stehen meist ganz unten und ganz oben im Supermarkt-Regal. Auf Augenhöhe wird's immer teuer! Komischerweise ist es rechts oft kostspieliger als links ... Ändere auch mal die Richtung im Supermarkt. Da sieht man plötzlich ganz andere Produkte zu anderen Preisen.

16 Zeitlimit

Lass dir nicht zu viel Zeit für den Einkauf im Supermarkt. Überprüfe, wie lange du ohne Ablenkung für einen normalen Einkauf benötigst, und stell dir einen Alarm dazu ein. Er wird dich schnell weg von den Verführungen an die Kasse treiben! Am besten setzt du noch Kopfhörer mit deiner eigenen Musik auf. Das Supermarkt-Gedudel soll dich entspannen, damit du ins Schlendern kommst und mehr und mehr in den Korb packst.

EINKAUF

17 Qualität

Lass dich nicht blenden von schönen Fotos, verführerischen Namen oder scheinbar seriösen Labels auf den Verpackungen. Schau auf die Zutatenliste! Sie ist der Schlüssel zum Produkt. Je kürzer sie ist, desto besser!

ZUTATENLISTE

In der Zutatenliste müssen sämtliche Inhaltsstoffe in absteigender Reihenfolge aufgeführt sein. Das heißt, von der Zutat, die an erster Stelle steht, ist am meisten im Produkt, von der Zutat, die an letzter Stelle steht, am wenigsten.

Die allermeisten Kaufentscheidungen fallen spontan und emotional. Versuche deine Produktauswahl zu objektivieren. Überlege dir, was bei verschiedenen Lebensmitteln für dich wichtig ist. Die Qualität? Der Preis? Die Marke? Der Geschmack? Die Herkunft? Oder vielleicht eine faire oder ökologische Produktion? Setze Prioritäten für einzelne Produktgruppen (Milchprodukte, Fleisch, Brot, Obst und Gemüse, Getränke). Hast du eine Rangfolge gefunden, findest du auch schnell die für dich passenden Produkte!

Qualitativ hochwertige Lebensmittel erkennst du daran, dass das Hauptprodukt in der Zutatenliste an erster Stelle steht, dass es gerade Saison hat (Reifezeit = Geschmack) oder eine eindeutige (wenn möglich geschützte) Herkunftsbezeichnung aufweist.

18 Achtung Zucker!

Achte auf den Zuckergehalt der Lebensmittel. Du findest ihn in den Nährwertangaben. Denn Zucker versteckt sich in vielen Produkten, in denen man ihn nicht vermutet – und hinter gaaaanz vielen verschiedenen Namen in der Zutatenliste.

19 Nährwerttabelle

Wenn du auf die Nährwert-angaben schaust, berücksichtige immer die 100-g-Angaben. Oft werden Kalorien in Portionsgrößen angegeben – und das kann schon mal eine halbe (!) Pizza sein.

20 Handelsmarken

Probiere die Handelsmarken aus! Oft bieten sie sehr gute Qualität zum kleinen Preis – und manchmal stecken auch die großen Hersteller dahinter. Anhand von Hersteller-angaben, Zutatenlisten und Nähr-werttabellen lassen sich oft „Zwillingsprodukte" identifizieren. Der günstige Verwandte des Marken-produkts!

Rund 85 % der Eigenmarken schnei-den bei der Stiftung Warentest mit „gut" oder „sehr gut" ab. **ÜBRIGENS:** Wenn du im Supermarkt die günsti-gen Eigenmarken kaufst, ist das genauso teuer wie beim Discounter!

Tipp 18: Auch Fruchtkonzentrate und getrocknete Früchte enthalten viel Zucker. Deswegen immer auf der Nährwerttabelle den Zuckeranteil des Lebensmittels prüfen.

ZUCKER

Raffinose · Saccharose · Dextrose · Fruktose-Glukose-Sirup · Fruktosesirup · Dextrin · Maltose · Gerstenmalz · Laktose · Rübensaft · Malzextrakt · Gerstenmalzextrakt · Weizendextrin · Sucrose · Rübenkraut · Traubenfruchtsüße · Glukose · Birnendicksaft · Reissirup · Melasse · Süßmolkenpulver · Karamellsirup · Maltodextrin · Fruchtsüße · Honig · Stärkesirup · Apfelkraut · Agavendicksaft

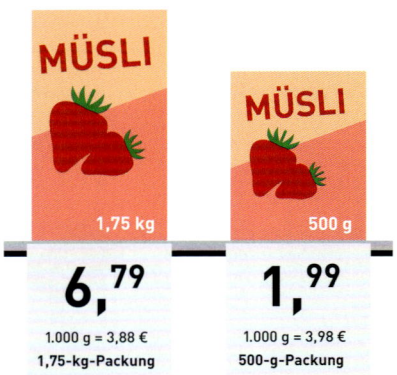

21 Grundpreis

Sei kritisch bei verlockenden Großpackungen. Vergleiche die Angabe des Liter- bzw. Kilopreises (Grundpreise) im Regal und frag dich, ob es jemanden in der Familie gibt, der tatsächlich eine Riesenpackung Erdbeermüsli aufessen möchte.

22 Angebote

Wenn du Lebensmittel gleich essen oder verarbeiten möchtest, greife zu reduzierter Ware, die kurz vor Ablauf des Mindesthaltbarkeitsdatums ist.

MINDESTHALTBARKEITS-DATUM (MHD)

Auf (fast) jedes Produkt gehört ein Mindesthaltbarkeitsdatum, ausgenommen sind einige wenige Lebensmittel wie frisches Obst und Gemüse, Wein oder Zucker. Es ist ein Qualitätsversprechen an die Verbraucher. Es gibt an, bis zu welchem Tag das Lebensmittel Geschmack, Geruch, Farbe und Nährwert mindestens behält. Es ist **KEIN** Wegwerfdatum. Das Produkt kann auch nach Ablauf noch sicher und gesund sein. Etwas anderes ist das Verbrauchsdatum, das auf leicht verderblichen Lebensmitteln wie zum Beispiel Hackfleisch steht. Solche Lebensmittel sollten so schnell wie möglich verbraucht werden, denn nach Ablauf des Verbrauchsdatums ist das Lebensmittel nicht mehr zum Essen geeignet.

23 Aroma

Achte darauf, ob und welche Aromen in dem Lebensmittel stecken. Wenn auf der Zutatenliste nur der Begriff „Aroma" zu finden ist, ist meistens davon auszugehen, dass dieses im Labor chemisch herge-stellt wurde.

AROMEN

„Natürliches Aroma" muss aus einer natürlichen Quelle stammen, nicht aber unbedingt aus der namensgebenden Frucht. Es kann aus pflanzlichen, tierischen oder mikrobiellen Rohstoffen gewonnen werden. Wenn aber beispielsweise „natürliches Himbeer-Aroma" auf einem Produkt steht, muss das Aroma zu mindestens 95 % aus dem bezeichneten Lebens-mittel stammen, in diesem Fall aus Himbeeren.

24 Grundnahrungsmittel

Achte auf die Herkunft von Obst, Gemüse, Fleisch, Kartoffeln und Milchprodukten. Je regionaler, desto nachhaltiger. Kaufe das Gemüse und Obst, das gerade Saison hat. Es ist besonders frisch und günstig.

REGIONALITÄT

Es ist längst nicht immer alles regional, wo regional draufsteht. Denn der Begriff „regional" ist gesetzlich nicht geschützt. Das Regionalfenster kennzeichnet die Herkunft von Lebensmitteln. Mehr dazu siehe „Siegelkunde" ab Seite 17.

25 Tierhaltung

Denke beim Fleischkauf an die Tiere. Wo kommen sie her? Wo haben sie gelebt und vor allem wie? Wenn möglich, kaufe Fleisch aus artgerechter(er) oder Biohaltung! Es gibt verschiedene Siegel, die Fleisch aus artgerechter(er) Haltung kennzeichnen. Mehr dazu siehe „Siegelkunde" ab Seite 17.

26 Milch

Wenn du echte frische Milch trinken willst, dann schaue, ob der Zusatz „traditionell hergestellt" auf der Packung steht. „Länger haltbare" Milch (ESL-Milch) steht im Kühlregal direkt daneben und wird mit einem speziellen Verfahren pasteurisiert. Sie ist ein Zwischending aus frischer Milch und H-Milch und bis zu vier Wochen im Kühlschrank haltbar.

Tipp 26: Verwirrend ist die Bezeichnung frische Milch. Traditionell hergestellt oder länger haltbar? Geschmacklich ein großer Unterschied.

Tipp 27: Mein Lieblingsbäcker ist in Hamburg fußläufig von meiner Wohnung. Ich mag besonders seine Vollkornbrötchen, sie sind lecker und gesund.

27 Brot und Backwaren

Kaufe – wenn irgendwie möglich – dein Brot und deine Brötchen bei einem traditionellen Handwerksbäcker.

1. Sollten wir sie unterstützen (denn sie sind durch Backautomaten in Supermärkten und die vielen Backshops vom Aussterben bedroht) und

2. Verwenden sie in der Regel weniger Zusatzstoffe und Backhilfen für ihre Produkte. Greife außerdem öfter mal zu Vollkornprodukten! Sie sind gesünder.

28 Wasser

Kaufe kein abgepacktes Wasser! Leitungswasser ist streng kontrolliert und hat eine hohe Qualität. Wer Kohlensäure mag, investiert besser in einen Wassersprudler.

29 Kaffee

Beim Kaffee-Kauf lohnt sich ein Blick auf die Zutatenliste. Jawohl! Denn nicht immer steckt 100 % Kaffee drin! Auch bei Instant-Kaffeepulvern ruhig mal den Kaffee-Gehalt überprüfen! Manchmal hat das einen wahren Aha-Effekt. Gesüßtes Cappuccino-Pulver besteht im Übrigen fast vollständig aus Zucker. Kalorienbomben-Alarm!

 2017 habe ich (mit dem Kolpingwerk) im Süden von Honduras eine Kaffee-Plantage besucht. Dort konnte ich selber sehen, wie unglaublich mühsam die Arbeit der Kaffeebauern ist. Deswegen mein Appell: Billig geht bei Kaffee gar nicht! Die Produzenten vor Ort müssen angemessen bezahlt werden. Nachdem ich gesehen habe, wie schwer es ist, guten Kaffee zu produzieren, gibt es bei mir ausschließlich nur noch fair gehandelte Bohnen!

Tipp 28: Wenn ich als durchschnittliche Wassertrinkerin (148 Liter) ein Jahr lang statt Wasser aus PET-Flaschen Leitungswasser zu mir nehme, spart das alleine schon 100 (1,5-l-)Flaschen Plastikmüll. Ganz schön viel, oder?

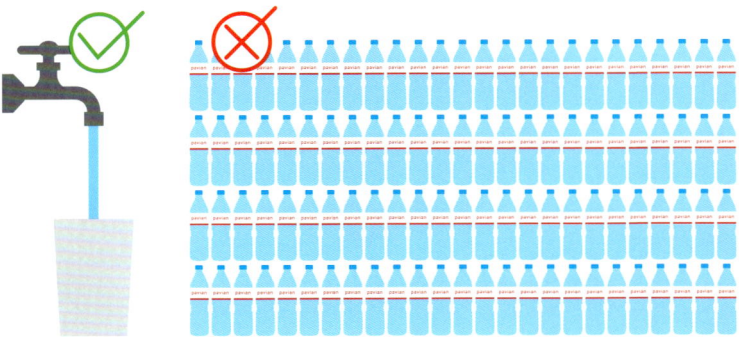

30 Eier

Anhand des Codes auf Eiern kannst du erkennen, wie die Hühner leben, die die Eier gelegt haben. 0 steht für Bio-Freilandhaltung, 1 für Freilandhaltung, 2 für Bodenhaltung und 3 für Kleingruppenhaltung.

Bei Fertigprodukten wie Keksen oder Nudeln muss nicht angegeben werden, aus welcher Haltung die Eier stammen. Manche Hersteller schreiben es aber freiwillig auf die Verpackung.

Im Kühlschrank kannst du Eier etwa vier Wochen lang aufbewahren.

LEGEHENNEN-HALTUNG

Hennen aus Freiland- und Biohaltung haben einen Auslauf und mit Sitzstangen ausgestattete Ställe. Erlaubt sind sechs Tiere pro Quadratmeter. In der Bodenhaltung werden bis zu neun Hühner pro Quadratmeter Stallfläche gehalten. Einen Auslauf für sie gibt es nicht. Tiere aus der Kleingruppen-haltung leben in Käfigen mit Sitzstangen. Jede Henne unter 2 kg hat 800 cm^2 Platz, schwerere Tiere 900 cm^2.

CODE AUF EIERN

LÄNDERCODE
für das Bundesland

BETRIEBSNUMMER
und Stallnummer

1-DE-02 2345 2

HALTUNGSFORM

0 = Biohaltung
1 = Freilandhaltung
2 = Bodenhaltung
3 = Kleingruppe

HERKUNFTSLAND

AT = Österreich; BE = Belgien; DE = Deutschand
IT = Italien; NL = Niederlande; ES = Spanien

Tipp 29: Die Farbe der Eierschale ist genetisch bedingt und hat nichts mit der Fütterung oder der Farbe des Gefieders der Henne zu tun. Entscheidend ist die Hühnerrasse. Qualitativ gibt es keinen Unterschied zwischen braunen und weißen Eiern.

31 Ist mein Ei noch frisch? 💡

Ein frisches Ei sinkt auf den Boden eines gefüllten Wasserglases. Ein altes Ei dagegen schwimmt an der Oberfläche.

frisch	noch frisch, aber bald verzehren	verdorben

32 Kostenfalle Fertigprodukte

Koche selbst! Das ist günstiger als Fertigprodukte! In der WDR-Servicezeit haben wir im Supermarkt nach den teuersten Convenience-Produkten gesucht.

HIER UNSERE TOP 5:

PLATZ 5 – PFANNKUCHENTEIG

Pfannkuchenteig selber anzurühren, dauert etwa fünf Minuten. Die Zubereitung eines Pfannkuchen-Teigmix aus der Flasche dauert zwei Minuten. Das ist halb so lang, aber doppelt so teuer!

PLATZ 4 – TOMATENSOSSE

O.k., Glas auf, Herd an, Soße fertig. Das ist schon praktisch, aber wer große Portionen vorkocht und einfriert, ist mit hausgemachter Soße fast genauso schnell – und zahlt nur die Hälfte!

REZEPT TOMATENSOSSE: Zwiebeln und Knoblauch in Olivenöl andünsten, Tomaten aus der Dose und etwas Tomatenmark dazugeben, dann mit Salz, Pfeffer und Kräutern wie Lorbeerblättern, Oregano oder Basilikum würzen.

PLATZ 3 – OBST

Obst in mundgerecht geschnittenen Portionen im Supermarkt. Leute, lasst uns darüber nicht reden ... Natürlich kostet das fertig geschnittene Obst mindestens das Doppelte!

PLATZ 2 – KARTOFFELPRODUKTE

Kartoffeln selber zu kochen, ist zwar denkbar einfach, braucht aber Zeit. Deswegen gibt es fertige Kartoffelprodukte, geschält, geschnitten, geraspelt, vorgekocht, fertig gewürzt. Die Kosten sind bis zu viermal so hoch wie für frische, rohe Kartoffeln!

PLATZ 1 – SALAT UND GEMÜSE

Den größten Bequemlichkeitsaufschlag zahlst du für geputztes und geschnittenes Gemüse und verzehrfertigen Salat. Fertig zerkleinerte Möhren kosten vier- bis sechsmal so

Tipp 32: Pfannkuchenteig ist super schnell selber angerührt. Wer mag, gibt noch einen Schuss Mineralwasser dazu. Dann werden die Pfannkuchen besonders fluffig!

Mehl	2 Eier	150 ml	ZUCKER	S
5 EL	2 Eier	150 ml	1 TL	1 Prise

viel wie selbst geraspelte Möhren (die auch in zwei Minuten zubereitet sind).

Fertige Salatmischungen sind bis zu zehnmal (!) teurer als entsprechende Salatköpfe!

⊘ **VORTEIL** des fertigen Salat-Mix: Verschiedene Salatsorten bringen geschmackliche Abwechslung.

⊗ **NACHTEIL:** Vorgeschnittener Salat kann schneller verderben.

33 Lebensmittel lagern

Damit die eingekauften Lebensmittel lange frisch bleiben, sollten sie optimal gelagert werden. Milchprodukte, Fleisch, Fisch, Gemüse (außer Tomaten, Kartoffeln, Auberginen, Kürbis) gehören in den Kühlschrank.

Bei Obst gilt die Faustregel: Heimisches liebt es kühl, Exoten mögen es warm. Äpfel können gut im Kühlschrank aufbewahrt werden, die Ananas bleibt lieber draußen. Obst und Gemüse auspacken, bevor sie in den Kühlschrank kommen.

Einige Obstsorten sondern das Phytohormon Ethylen ab und

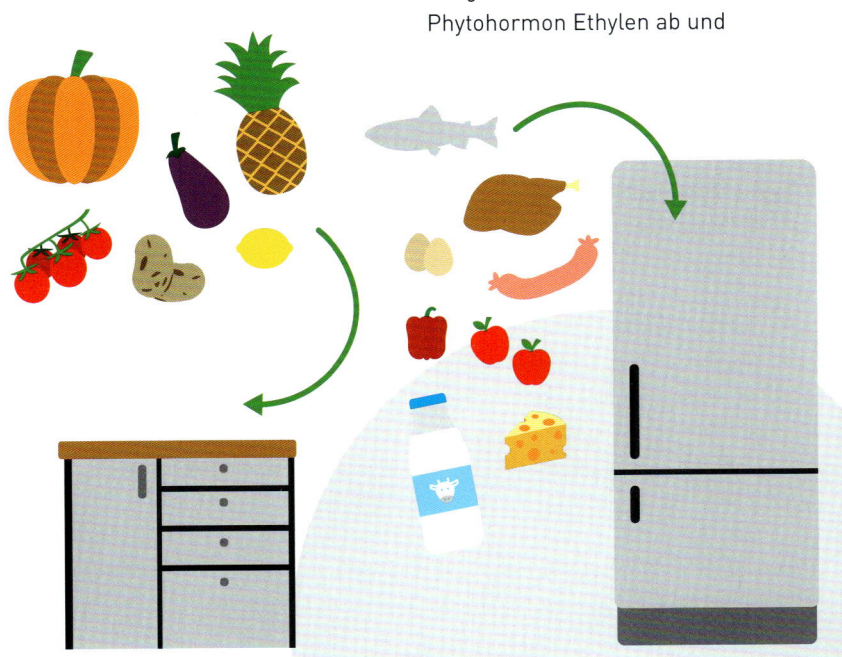

Kaufe keine Lebensmittel mit extra zugesetzten Vitaminen. Studien belegen, dass zu viele Vitamine eher schaden als nützen. Iss lieber einen Apfel!

beschleunigen damit den Reifeprozess anderer Früchte. Starke Ethylen-Produzenten sind Äpfel, Birnen, Aprikosen, Pfirsiche und Pflaumen. Um vorzeitiges Verderben der anderen Früchte zu vermeiden, sollten sie **GETRENNT VONEINANDER** aufbewahrt werden.
Wasche Obst und Gemüse erst kurz vor dem Verzehr! Der Kontakt mit Wasser macht sie empfindlicher und angreifbarer für Keime.

34 Vegetarier und Veganer

Nicht alle Gemüse-Fertigprodukte sind pflanzlich, zum Beispiel enthält Tiefkühl-Rotkohl oft Schweineschmalz. Check die Zutatenliste, wenn du vegetarische Lebensmittel suchst! Mehr zum Vegetarier-Siegel findest du bei „Siegelkunde" ab Seite 17.

Pflanzliche Fertigprodukte, wie Wurst-Ersatz, Käse-Ersatz, vegane Bolognese oder Grillgut, enthalten oft viele Zusatzstoffe, um dem tierischen Original möglichst ähnlich zu sein. Außerdem sind sie meistens sehr fettig und sehr salzig. Besser selber vegan kochen!

35 Light-Produkte

Mit Light-Produkten kann man sich nicht schlank essen. Oft ist zwar weniger Fett, dafür aber mehr Zucker drin – oder umgekehrt ...

36 Laktosefreie Lebensmittel

Teure laktosefreie Produkte sind nur für Menschen mit einer Laktose-Intoleranz sinnvoll. Für Gesunde hat diese Spezialnahrung keinen Zusatznutzen. Sie sind weder leichter zu verdauen noch haben sie weniger Kalorien. Viele Lebensmittel sind außerdem von Natur aus laktosefrei, etwa Fleisch und Butter oder gereifter Käse. Spezielle laktosefreie Produkte lohnen sich nur bei Milch, Joghurt und Quark für Betroffene (aber nur für die!).

KAUFEN FÜRS KARMA

Die **WELTVERBESSERER** unter euch kaufen natürlich:

- ☐ (Viel) Obst und Gemüse ökologisch, saisonal und regional für den CO_2-Fußabdruck

- ☐ (Wenig) Fleisch aus artgerechterer oder Biohaltung

- ☐ Möglichst unverpackte Lebensmittel (für Aufschnitt und Käse bitte Frischebox mitbringen, wo möglich)

- ☐ Eier aus Freiland- oder Biohaltung

- ☐ Heimische Fischarten (Saibling, Forelle etc.)

- ☐ Kaffee, Tee, Kakao nur mit dem Fairtrade-Siegel. Mindestens!

- ☐ Keine Lebensmittel mit Palmöl (und wenn überhaupt, nur mit Bio-Palmöl)

KLIMASÜNDER

Die größten Klimasünder bei Lebensmitteln (in CO_2-Äquivalent in Gramm je Kilogramm Produkt)

1	Butter	23.794
2	TK-Rindfleisch	14.341
3	Käse	8.512
4	Sahne	7.631
5	TK-Pommes	5.728
6	TK-Geflügel	4.538
7	TK-Schwein	4.282
8	Eier	1.931
9	Quark, Frischkäse	1.929
10	Brot	768

Frisches Gemüse **NUR**: 153

Quelle: Bundesumweltministerium nach GEMIS 4.4

CO_2-AUSSTOSS

Auf der Webseite **www.klimatarier.com** kannst du den CO_2-Ausstoß deines Essens ausrechnen.

DROGERIE

Eigentlich geh ich ganz gerne in der Drogerie einkaufen. Ist immer schön hell da, es gibt meistens genug Platz, die Einkaufswagen sind irgendwie nett zu fahren. Eigentlich! Denn ich habe ganz ehrlich den Eindruck: Die Hersteller wollen uns Verbraucher in so einem Laden einfach nur fertigmachen. Die Auswahl der unterschiedlichen Produkte ist so dermaßen groß und damit unübersichtlich, dass es fast unmöglich ist, eine vernünftige Kaufentscheidung zu treffen. In einem x-beliebigen Drogeriemarkt stehen alleine im Haarpflege-Regal mehr als 500 unterschiedliche Shampoos, Spülungen, Kuren, Masken etc. Bei der Hälfte der Produkte weiß ich weder, für was sie gut sein sollen, noch kann ich aussprechen, was ich da kaufen soll.

Keine Ahnung, warum es übrigens für Frauen immer eine ganze Batterie von Produkten gibt, bei den Männern das Angebot jedoch viel kleiner ist. (Es gab noch nicht mal 30 spezielle Männerartikel fürs Haar.) Und dann sind viele Produkte für Frauen auch noch viel teurer. Bis zu 200 % sollen wir für unseren Rasierschaum mehr bezahlen ... unfassbar! Zwar ist das Thema „Pink Tax" oder „Gender Pricing" mittlerweile auf dem Tisch der Verbraucherschutzministerkonferenz, aber wir sollten da aufmerksam bleiben, um auch in der Drogerie nicht zu viel Geld auszugeben.

Den Stress vor dem Shampoo-Regal werden wir allerdings wohl kaum umgehen können: Habe ich nun trockene, brüchige, strapazierte oder angegriffene Haare? Die sind aber auch noch gesträhnt. Also doch das Extra-Produkt für blonde, gefärbte Haare? Und brauche ich nicht auch noch Volumen? Fragen über Fragen! Das Ganze geht dann so weiter vom Duschgel bis zum Deo-Roller.

Außerdem begegnen uns in der Drogerie auch noch jede Menge möglicherweise krank machender und umweltschädlicher Stoffe – von Aluminiumsalz im Anti-Transpirant über Duftstoffe in Putzmitteln und Mikroplastik bis hin zu feuchtem Klopapier, das unsere Kläranlagen verstopft. Die wichtigsten Tipps für den Geldbeutel und die Umwelt bekommt ihr jetzt, und dann findet ihr auch das richtige Shampoo!

KOSMETIK

37 Resteentleerung
Achte darauf, wie die Tuben und Tiegel sich anfühlen und wie die Öffnungen sind. Manche Verpackungen lassen sich kaum entleeren, und du kommst ums Verrecken nicht an den teuren Inhalt heran. Dann hilft nur Aufschneiden!

38 Eigenmarken
Mit Eigenmarken lässt sich richtig viel Geld sparen, ohne dass die Qualität leidet. Das gilt für Kosmetik wie auch für Waschmittel und Co.

39 Aluminiumsalze
Kaufe lieber Deos, die aluminiumfrei sind. Die anderen Produkte erreichen ihren bis zu 72 Stunden anhaltenden Schutz mithilfe umstrittener Aluminiumsalze. Sie stehen im Verdacht, Brustkrebs zu fördern.

40 Schadstoffe
Wenn du auf Nummer sicher gehen willst, lass lieber auch Produkte stehen, die Parabene oder andere bedenkliche Substanzen enthalten, die hormonwirksam oder allergieauslösend sein können (siehe nächste Seite). Hilfreich sind Apps wie **TOX FOXX** oder **CODECHECK**. Damit kannst du direkt im Laden den

Barcode scannen und überprüfen, ob eventuell schädliche Stoffe im Produkt stecken. Wer es noch genauer wissen will, findet auf **www.kosmetikanalyse.org** viele kostenlose Produktanalysen.

MEIN TIPP: Die allermeisten schädlichen Stoffe sind in zertifizierter Naturkosmetik verboten. Mehr zu Naturkosmetik-Siegeln in „Siegelkunde" ab Seite 17.

SCHADSTOFFE IN KOSMETIK ERKENNEN

Tipp 40: Die Zutatenlisten von Kosmetika lesen sich oft wie ein Medizinlexikon. Hier sind die wichtigsten Begriffe, hinter denen sich bedenkliche Stoffe verbergen:

BEDENKLICHE INHALTSSTOFFE	UMSTRITTEN WEIL
Halogenorganische Verbindungen (Konservierungsmittel)	Stehen im Verdacht · stark allergisierend zu wirken · möglicherweise auch krebserregend und fruchtschädigend zu sein
Triclosan (Konservierungsmittel)	Steht im Verdacht, Antibiotika-Resistenzen bei Bakterien zu fördern
Langkettige Parabene (Konservierungsmittel)	Stehen im Verdacht, wie ein Hormon zu wirken
Paraffine	Je nach Einsatzkonzentration können sie die Poren verschließen
PEG-Derivat (Emulgator)	Tenside zum Schäumen – können die Haut durchlässiger für schädliche, allergisierende und krebserregende Stoffe machen
Allergene Duftstoffe	Potente und hochpotente Allergene
Phthalate (Weichmacher)	Stehen unter Verdacht, wie ein Hormon zu wirken

IM INHALTSVERZEICHNIS ZU ERKENNEN AN

Häufige Wortbestandteile: „Bromo", „Jodo" oder „Chloro"
zum Beispiel Chlorphenesin, Methylchloroisothiazolinone, Chlorophenol

Triclosan

Wortendung „Paraben"

Cera Microcrystallina , Ceresin, Microcrystallina Wax, Mineral Oil, Ozokerite,
Paraffinum Liquidum, Petrolatum

Häufiger Wortbestandteil: PEG

Lyral, Hydroxycitronella, Cinnamal, Atranol, Chloratranol, Eugenol, Evernia
Prunastri Extract, Isoeugenol, HICC

Lyral, Atranol und Chloratranol sind seit August 2017 verboten,
dürfen aber noch bis 2021 verkauft werden.

Wortendung „Phthalat"

Kunststoff versteckt sich als
MIKROPLASTIK ODER SILIKON
hinter folgenden Begriffen:

Acrylate Copolymer – **AC**
Acrylate Crosspolymer – **ACS**
Dimethiconol
Methicone
Polyamide – **PA, NYLON**
Polyacrylate – **PA**
Polymethyl methacrylate – **PMMA**
Polyquaternium – **PQ**
Polyethylene – **PE**
Polyethyleneglycol – **PEG**
Polyethyleneterephthalate – **PET**
Polypropylene – **PP**
Polypropyleneglycol – **PPG***
Polystyrene – **PS**
Polyurethane – **PUR**
Siloxane
Silsesquioxane

Quelle: Greenpeace 2017

41 Mikroplastik

Verzichte auf Produkte, die Silikone oder Mikroplastik enthalten. In Cremes ersetzen Silikone teurere pflanzliche Öle, in Shampoos und Spülungen sorgen sie für den seidigen Glanz im Haar. Mikroplastik steckt oft in Hautpeeling, aber auch in Zahnpasta, Sonnencreme und vielen anderen Produkten. Die kleinen Kunststoff-Kügelchen sind eine Umweltsünde, denn sie lassen sich kaum aus dem Wasser filtern, verschmutzen unsere Meere und landen am Ende wieder bei uns auf dem Teller ...

Umwelt- und hautfreundliche Peelings sind ganz leicht selber herzustellen.

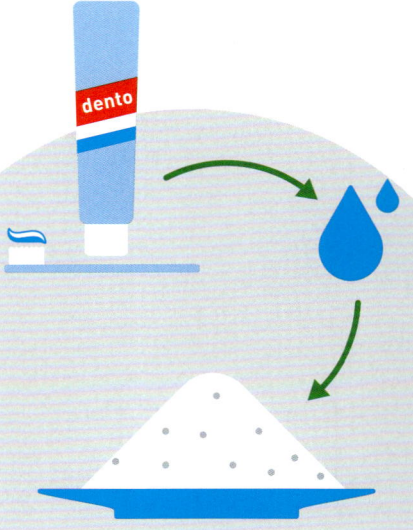

PEELING SELBER MACHEN

Tipp 41: Diese Peelings sind garantiert ohne Mikroplastik oder Silikon.

MANDELPEELING

ZUTATEN: 2 EL Naturjoghurt, 2 EL geriebene Mandeln, 1 TL Honig

Zutaten zu einem Brei zusammen- mischen und großzügig auf Gesicht und Körper auftragen. Einige Minuten einmassieren und dann mit warmem Wasser abwaschen. Die Milchsäure im Joghurt sorgt für eine Tiefenreinigung und löst alte Hautschüppchen ab.

ZUCKERPEELING

ZUTATEN: 1 EL Quark, 1 TL Honig, 1 TL Zucker

Alle Zutaten miteinander verrühren und im Gesicht einmassieren. Durch den Zucker werden abgestorbene Hautschüppchen weggerubbelt, was außerdem die Durchblutung anregt. Zudem verfeinert er die Poren. Der Honig wirkt dabei beruhigend auf die Haut, Quark hat eine kühlende Wirkung.

WEIZENKLEIE-PEELING

ZUTATEN: 2 EL Weizenkleie, 125 ml Wasser

Die Zutaten so lange verrühren, bis eine cremige Paste entsteht. Das Peeling in die Haut einmassieren. Je nach Belieben kann man das Peeling mit ein paar Tropfen Distelöl verfeinern. Nach ca. 5 Minuten Einwirkzeit Gesicht mit lauwarmem Wasser abspülen. Dieses Peeling ist besonders gut gegen Pickel und beugt neuen vor.

42 Nahrungsergänzungs-
mittel

Kaufe keine Vitaminpräparate. Sie
sind überflüssig. Eine ganz normale
ausgewogene Ernährung reicht aus,
um genügend Vitamine aufzuneh-
men. Ausnahmen gelten für Folsäure
bei Schwangeren und Vitamin D für
ältere Menschen im Winter.

43 Pink Tax
Vergleiche spaßeshalber
mal die Preise zwischen Männer-
und Frauenprodukten. Vielleicht geht
ja auch mal ein Rasierschaum oder
ein Nassrasierer für das andere
Geschlecht. Männer fahren da
nämlich deutlich günstiger ...

Tipp 43: Pink Tax. Bei Einwegrasierern zahlen
Frauen bis zu einem Drittel mehr – für fast das
gleiche Produkt (in Rosa).

RABATTMARKEN

Gerade in der Drogerie lässt sich
mit Coupons viel Geld sparen.
Coupons findest du auf diversen
Gutscheinseiten im Netz, oft
aber auch bei den Händlern
selbst. Sie einzulösen lohnt sich
vor allem dann, wenn die Aktion
mit einem Sonderangebot
kombiniert ist, also von dem
Angebotspreis noch der Coupon-
Deal abgeht. Hamsterkäufe bitte
nur bei Waren, die über längere
Zeit gelagert werden können.
Überprüfe vor dem Einkauf, ob
der Coupon Beschränkungen hat
wie Mindesteinkaufswert,
Mindestmenge oder Gültigkeit.
PAYBACK ist kritischer zu sehen,
du gibst jede Menge Daten von
dir preis. Das musst du wissen
und wollen!

WASCHMITTEL UND CO.

44 Waschmittel

Die Entscheidung am Waschmittelregal geht schneller, als du denkst, denn du brauchst nicht alles, was der Handel anbietet. Für einen normalen Haushalt reichen:

- ☐ Ein pulverförmiges Vollwaschmittel
- ☐ Ein Colorwaschmittel (flüssig oder Pulver)
- ☐ Ein Feinwaschmittel

Wer viele Woll- und Seidensachen besitzt, für den ist ein Wollwaschmittel empfehlenswert. Entkalker ist unnötig, weil bereits in den Waschmitteln enthalten.

45 Vorratskäufe

Waschmittel hat kein Mindesthaltbarkeitsdatum, aber mit der Zeit verlieren die Inhaltsstoffe teilweise ihre Wirkung. Darum lieber nicht 2-Jahres-Vorräte anschaffen – auch wenn das Angebot günstig ist.

46 Waschladungen (WL)

Die wichtigste Information auf der Packung ist die Angabe der Waschladungen. Sie steht vorne drauf. Wie der Grundpreis bei Lebensmitteln gibt der Preis pro Waschladung die realen Kosten an. Denn eine große Packung muss nicht automatisch viele Waschladungen bedeuten. Merke dir, wie viele WL dein Lieblingswaschmittel hat. Viele Hersteller

Tipp 47: 70 g reichen! Verwende der Umwelt zu Liebe nur hochkonzentrierte Waschmittel. Du erkennst sie an der Dosierempfehlung 70 g pro Waschladung.

ändern nach und nach die Menge, aber nicht den Preis der Produkte ... Obacht bei Werbehinweisen wie „Dauerhaft mehr Inhalt" oder „Neue Formel"! Dann wird es meist teurer.

No-Name-Produkte sind übrigens äußerst selten von versteckten Preiserhöhungen oder dem Füllmengenkarussell betroffen und damit für die Kunden eine gute und günstige Alternative.

47 70 g – mehr nicht!

Achte auf die Dosierung! Hochkonzentrierte Waschmittel sind umweltfreundlicher. Du erkennst sie daran, dass sie eine Dosierung von maximal 70 g pro Waschgang mit normaler Verschmutzung empfehlen. Dosierhilfen bekommst du übrigens auf Nachfrage in fast jeder Drogerie.

48 Reinigungsmittel

Auch bei den Reinigungsmitteln geht es schnell mit dem Einkauf. Du brauchst:

☐ Spüli
☐ Säurehaltigen Reiniger
   (Zitronen- oder Essigsäure)
☐ Allzweckreiniger
☐ Scheuermittel
☐ WC-Reiniger

Damit bist du beim Hausputz schon ganz weit vorne. Für klare Fenster sorgt Wasser mit Spiritus. Für Holzböden empfiehlt sich ein Spezialreiniger.

MEIN DIY-REINIGER FÜR DIE KÜCHE

☐ 30 g Waschsoda
☐ 60 g Spülmittel
☐ Optional 20–30 Tropfen
   ätherisches Öl
☐ 60 ml Essigessenz (25 %)
☐ 1,75 l Wasser

ZUBEREITUNG

Soda mit etwa 250 ml Wasser in einem Topf verrühren und kurz zum Kochen bringen. Topf vom Herd nehmen und Spülmittel und Öle zufügen, weiterrühren. Essigessenz zugeben und immer noch rühren. Danach mit etwa 1,75 l Wasser auffüllen und wieder gut durchmischen. Den fertigen Reiniger in geeignete Gefäße abfüllen und beschriften. Vor Gebrauch immer schütteln! Außer für Marmor ist der Reiniger für alles geeignet. Auch als Wischwasser für den Fliesenboden – ein Schuss reicht. Vorsicht allerdings bei Holz, Laminat, Kork etc. Wer sich unsicher ist, an verdeckter Stelle ausprobieren. Für starke Verschmutzungen Reiniger einwirken lassen!

50 Feuchtes Toilettenpapier

Kaufe lieber kein feuchtes Toiletten-
papier! Das Zeug löst sich auf dem
Weg zu unseren Kläranlagen nicht
richtig auf. Die Entsorgung ist eine
Riesensauerei, teuer und aufwendig!
Auch Feuchttücher gehören natürlich
nicht in die Toilette, sondern in den
Verpackungs- oder den Hausmüll.

KAUFEN FÜRS KARMA

Die **WELTVERBESSERER**
unter euch kaufen natürlich:

☐ Nur hochkonzentrierte
   Waschmittel ohne umwelt-
   schädigende Rieselhilfen und
   Füllstoffe (70 g! Mehr nicht!)
☐ Keine Weichspüler
☐ Keine Desinfektionsmittel
   oder Hygiene-Waschmittel
☐ Kosmetik und Reiniger ohne
   Mikroplastik und Silikone
☐ Kosmetik ohne bedenkliche
   Schadstoffe
☐ Reiniger mit Umweltengel
☐ Produkte ohne Palmöl (und
   wenn überhaupt, dann nur
   mit Bio-Palmöl)

MEIN DIY-REINIGER FÜRS BAD

Ein Liter Wasser, drei Spritzer
Spüli und eine Verschlusskappe
Zitronensäure. Der Badreiniger
wirkt gegen Kalk, Urinstein, Fett
und Schmutz.

49 Mikrofasertücher

Zum Putzen schwöre ich auf
Mikrofasertücher. Durch ihr beson-
deres Gewebe nehmen sie den
Schmutz in der Regel so gut auf,
dass keine zusätzlichen Reiniger
verwendet werden müssen. Nebel-
feucht geht es am besten. Nicht
vergessen: Putzlappen sind Keim-
schleudern! Deswegen regelmäßig
waschen (60 Grad) oder wechseln.

ELEKTROMARKT

Kurz vor unserer Hochzeit hat mich meine Schwiegermutter zur Seite genommen und zu mir gesagt: „Yvonne, bei Waschmaschinen macht man keine Kompromisse", und mir nahegelegt, das teuerste Modell am Markt zu kaufen. Schweren Herzens habe ich fast das gesamte Geld, das wir zu unserer Heirat geschenkt bekommen hatten, für die erste Waschmaschine ausgegeben. Ich habe es nie bereut. Zwanzig Jahre lang hatten wir keine Probleme mit dem Gerät. Wir haben die Maschine dann trotzdem irgendwann ausgetauscht. Energie- und Wasserverbrauch sind bei den Modellen aus den 90ern einfach zu hoch ... Nun kann sich nicht jeder den Mercedes unter den Waschmaschinen leisten. Das muss auch gar nicht sein! Andere Geräte waschen genauso gut – und sind viel günstiger. Dennoch rate ich dazu, bei Großgeräten, die lange halten sollen (also etwa 15 Jahre), lieber immer etwas mehr Geld in die Hand zu nehmen, als zu sparen. Bei einer (etwas) teureren Maschine mit einer günstigeren Energieklasse rechnet sich die (Mehr-)Investition oft schon nach ein paar Jahren.

Allerdings treffe auch ich manche Entscheidungen aus dem Bauch heraus. Meine kochende Küchenmaschine zum Beispiel (auch wieder das Mercedes-Modell) war bei unseren WDR-Haushaltscheck-Tests weder beim Preis-Leistungs-Verhältnis noch bei der Kochleistung Sieger. Trotzdem liebe ich sie abgöttisch und würde sie nie, nie, nie gegen eine andere eintauschen. Manchmal siegt eben das Herz über die Ratio. Trotzdem habe ich hier für euch die wichtigsten Informationen zu Haushaltsgeräten zusammengefasst, damit ihr zumindest bewusst eine Bauch- oder eine Kopfentscheidung fällen könnt.

51 Langlebigkeit

Da vor allem die großen Haushaltsgeräte sehr teuer sind, sollten sie möglichst lange halten. Je nach Gerät mindestens 10–15 Jahre! Deswegen frage im Geschäft immer nach Reparaturmöglichkeiten, Garantieleistungen und Ersatzteilen. Gibt es diese nicht, besser Finger weg!

52 Energieverbrauch

Große Haushaltsgeräte wie Waschmaschinen, Kühlgeräte, Elektroherde, Spülmaschinen sind Stromfresser. Deswegen solltest du generell auf den Energieverbrauch achten. In den meisten Fällen kommst du – über die Nutzungsdauer gesehen – mit einem etwas teureren A+++-Gerät immer besser weg ...

ENERGIELABEL

Für die meisten Elektrogeräte gilt das EU-Energielabel. Je nach Produktgruppen unterscheiden sich die Angaben. Die wichtigsten Informationen haben wir hier zusammengefasst:

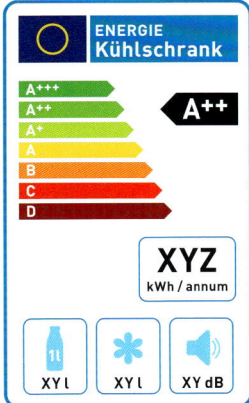 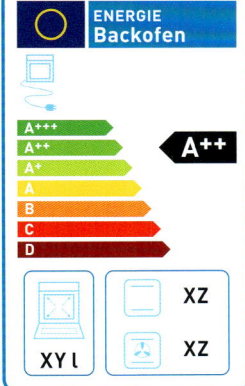 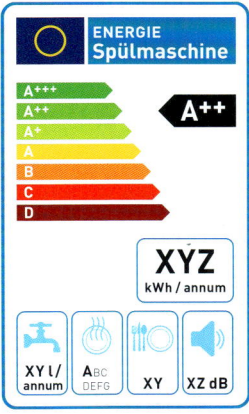

- ☐ Durchschnittlicher Stromverbrauch / Jahr
- ☐ Nutzvolumen der Kühlfächer
- ☐ Nutzvolumen des Gefrierteils
- ☐ Betriebslautstärke

- ☐ Energiequelle (Strom, Gas)
- ☐ Nutzbares Garraum-Volumen
- ☐ Energieverbrauch pro Normbackvorgang in kWh für die Beheizungsarten: „konventionell" und „Umluft / Heißluft"

- ☐ Durchschnittlicher Stromverbrauch / Jahr (280 Spülgänge)
- ☐ Durchschnittlicher Wasserverbrauch / Jahr (280 Spülgänge)
- ☐ Trocknungsklasse
- ☐ Kapazität (Anzahl der Maßgedecke)
- ☐ Betriebslautstärke

ENERGIELABEL

Für Elektro-Großgeräte gilt ein europaweit einheitliches EU-Energielabel. Die wichtigste Information darauf ist die Energieeffizienzklasse. Auf dem Label findest du außerdem Angaben zu Hersteller und Modell.

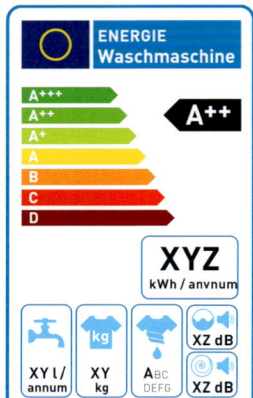

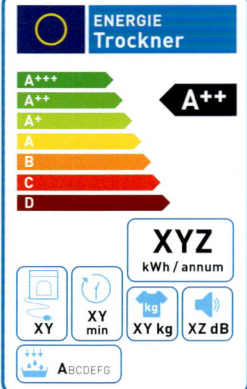

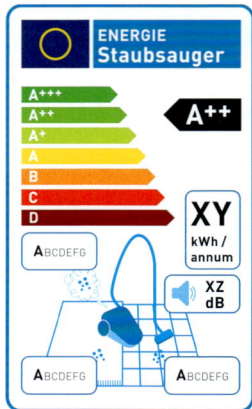

- ☐ Durchschnittlicher Stromverbrauch /Jahr (220 Waschzyklen)
- ☐ Durchschnittlicher Wasserverbrauch / Jahr (220 Waschzyklen)
- ☐ Fassungsvermögen (Waschprogramm Baumwolle 40 °C / 60 °C)
- ☐ Effizienzklasse der Schleuderwirkung
- ☐ Betriebslautstärke beim Waschen und beim Schleudern

- ☐ Durchschnittlicher Stromverbrauch / Jahr (160 Trocknungsvorgänge)
- ☐ Gerätetyp (Strom oder Gas)
- ☐ Betriebsdauer (Standardprogramm Baumwolle)
- ☐ Fassungsvermögen (Standardprogramm)
- ☐ Betriebslautstärke
- ☐ Kondensationseffizienzklasse (nicht bei Ablufttrocknern)

- ☐ Durchschnittlicher Stromverbrauch / Jahr (bei 50 Reinigungen à 87 m²)
- ☐ Staub-Emissionsklasse
- ☐ Betriebslautstärke
- ☐ Staub-Aufnahmeklasse auf Hartboden / Teppichboden

ENERGIEEFFIZIENZKLASSE

Die Energieeffizienzklassen reichen von A+++ (beste) bis D (schlechteste). D wird allerdings schon lange nicht mehr im Handel angeboten. Weil die Skala mit den vielen As verwirrend ist, hat die EU-Kommission beschlossen, sie zu überarbeiten, sodass bald wieder die Klassen A bis G ohne + gelten.

Tipp 52: Achte auf das Energielabel! Es zeigt dir die wichtigsten Informationen über den Wasser- und Stromverbrauch der Geräte an. Die Farbskala geht von Grün bis Rot. Die beste Klasse ist A+++.

53 Kühlschrank

Überlege dir vor dem Kauf eines Kühlschranks, welche Größe und welche Funktionen wirklich notwendig sind. Singles benötigen keinen XXL-Kühlschrank. Und muss die Eiswürfel-Maschine wirklich sein? (Sie benötigt nicht nur abartig viel Strom, sondern auch noch einen separaten Wasseranschluss.) Die Größe des Kühlgeräts bestimmt maßgeblich den Stromverbrauch! Deswegen sollte dein neuer Kühlschrank so klein wie möglich sein. Single-Haushalte kommen in der Regel mit 100–120 Liter Nutzvolumen aus (das ist der Platz, der tatsächlich für Lebensmittel zur Verfügung steht), pro weitere Person kommen etwa 60 Liter dazu. Ist nur das Bruttovolumen auf dem Etikett angegeben, dann ziehe etwa 15 % ab, das entspricht etwa dem Nettowert.

Kühlschränke haben einen besonders hohen Energieverbrauch, weil sie Tag und Nacht laufen. Die aktuell schlechteste Energieeffizienzklasse ist A+. Über die Nutzungsdauer von etwa 15 Jahren gerechnet, übersteigen die Energiekosten den Anschaffungspreis deutlich. Deswegen solltest du dich für ein A+++-Gerät entscheiden.

JAHRESVERBRAUCH

Willst du die Jahreskosten für das neue Gerät ausrechnen, dann multipliziere den auf dem Energielabel angegebenen Jahreswert mit 0,29 Euro/kWh. (0,29 Euro/kWh ist der bundesweit durchschnittliche Strompreis 2017.)

Um nicht unnötig Energie zu verschwenden, platziere den Kühlschrank nicht neben Wärmequellen (Heizung, Herd, Spülmaschine, Waschmaschine). Vermeide direkte Sonneneinstrahlung. Stelle keine warmen Speisen hinein. 7 Grad Innentemperatur im Kühlschrank und -18 Grad im Gefrierfach reichen in der Regel aus. Vermeide unnötig langes Öffnen. Schalte den Kühlschrank im Urlaub aus. Die Tür muss dann offen bleiben, damit er abtrocknet.

Kühlschränke gibt es als integrierbare Geräte (hinter dem Dekor der Küchenzeile), teilintegriert (sichtbare Tür) und freistehend, meist als große Kühl-Gefrier-Kombination. Achte darauf, dass die Türen bei diesen Geräten versetzbar sind. Vielleicht musst du sie in einer neuen Wohnung in die andere Richtung öffnen!

Wichtig ist auch, wo sich Kondensator und Lüftungsschlitze befinden. Sie brauchen nämlich Platz. Sitzen sie an der Rückseite, musst du etwas Raum zur Wand lassen, sind sie an der Seite, ist dort etwas Luft nötig.

Kaufe aus Umweltgründen Geräte mit halogenfreien Kälte- und Schäumungsmitteln.

Trockene und feuchte 0-Grad-Fächer sind toll! Sie sind zwar teuer, halten aber Fleisch, Wurst, Milchprodukte, Obst und Gemüse länger frisch.

Beispielrechnung für 10 Jahre

KÜHL-GEFRIER-KOMBINATION Nutzvolumen ca. 260 l, Gefrierteil ca. 90 l

Energieeffizienzklasse	A+	A++	A+++
Energieverbrauch / Jahr	330 kWh	240 kWh	170 kWh
Kosten nach 10 Jahren (bei 0,29 Euro/kWh)	960 Euro	700 Euro	490 Euro
		-27%	-48%

Antibakterielle Beschichtungen sind nicht nötig. Monatliches Auswischen reicht für die Hygiene im Kühlschrank vollkommen aus! Wichtig ist eine flexible Innenausstattung, besonders auch verstellbare Fächer in der Tür.

Nützlich ist eine Abtauautomatik oder eine No-Frost-Funktion. Wenn nicht vorhanden, sollte der Kühlschrank regelmäßig von dicken Eiskrusten befreit werden. Superkühlfunktion brauchen eigentlich nur Großfamilien (für Großeinkäufe). Ein Warnton für die versehentlich offen gelassene Tür dagegen ist für alle sinnvoll! In den Kühlteil integrierte Gefrierfächer sind veraltet. Kühl- und Gefrierteil sollten, in einem neuen Gerät zumindest, getrennte Türen haben – besser noch getrennte Kühlkreisläufe. Das Eisfach gehört immer nach unten! Da muss man nicht so oft ran ...

ACHTUNG: Erst ab drei Sternen ist eine längere Lagerung bei -18 Grad möglich.

Eine Gefriertruhe verbraucht weniger Energie als ein stehender Gefrierschrank. Außerdem ist sie günstiger in der Anschaffung. Richtwert für den Gefrierteil: Bei wenigen Vorräten reichen 50–80 Liter pro Person, bei vielen Vorräten 100–130 Liter.

Anzahl Sterne	Temperatur im Gefrierfach	
✳✳✳	0 °C	Nur für Eiswürfel geeignet
✴✳✳	-6 °C	Bereits gefrorene Lebensmittel halten bis zu 1 Woche
✴✴✳	-12 °C	Bereits gefrorene Lebensmittel halten bis zu 3 Wochen
✴✴✴	-18 °C	Bereits gefrorene Lebensmittel halten mehrere Monate
✴✴✴✴	-18 °C	Ungefrorene Lebensmittel frieren ein und halten mehrere Monate, Geräte mit 4 Sternen besitzen einen zusätzlichen Auftauschutz

REINIGUNG UND ORDNUNG IM KÜHLSCHRANK

Mindestens 1x im Monat sollte der Kühlschrank gesäubert werden! Dazu alle herausnehmbaren Teile mit warmem Wasser und etwas Spüli abwaschen. Teile **NICHT** in die Spülmaschine geben, dort könnten sie verformen. Den Innenraum von oben nach unten auswischen und mit sauberem Geschirrtuch abtrocknen. Mit Wattestäbchen kannst du die Tauwasserrinne und das Ablaufloch sauber kriegen. Verschüttetes natürlich sofort wegwischen!

Überprüfe ab und zu die Gummidichtungen. Dazu eine Taschenlampe in den Kühlschrank legen und bei Dunkelheit schauen, ob Licht herausdringt. Und denke daran, den Kühlschrank richtig einzuräumen, damit du alle Kältezonen gut ausnutzt. Mehr dazu in „Meine 111 besten Haushaltstipps"!

Tipp 53: Schließt der Kühlschrank noch richtig oder macht die Gummidichtung schon schlapp? Mit einer Taschenlampe lässt sich das leicht überprüfen. Defekte Dichtungen möglichst schnell austauschen – das spart Energie und Geld!

54 Herd

Ein Herd besteht aus einem Kochfeld, den Bedienelementen und einem Backofen. Ein Standgerät ist praktisch, weil es in verschiedenen Standardmaßen (50, 60 oder 90 cm Breite) alles in einem bietet und schnell und unkompliziert verbaut und angeschlossen werden kann. Aber alleine schon wegen des ewigen Herunterbückens zum Backofen lohnt es sich, darüber nachzudenken, Kochfeld und Backofen getrennt zu kaufen und den Backofen auf Körperhöhe einzubauen. Hier darauf achten, ob die Tür nach links oder rechts aufgehen soll. Bei kleinen Kindern im Haus besser keine Drehknöpfe an der Frontseite. Das

Energielabel auf den Geräten zeigt den Stromverbrauch des Backofens bei Ober- und/oder Unterhitze oder Umluft pro (normiertem) Heizvorgang an. Für Kochfelder gibt es kein Energielabel.

JAHRESVERBRAUCH

Deinen persönlichen Jahresverbrauch für den **BACKOFEN** rechnest du so aus: Multipliziere den auf dem Energielabel angegebenen Wert mit 0,29 Euro/kWh. Das ist der Preis pro Back-/Bratvorgang! Überschlage, wie oft du den Ofen im Jahr verwendest, und multipliziere den Wert.

Massekochfelder aus Stahl oder Eisen sind in der Anschaffung sehr günstig. Bis sie die richtige Temperatur haben, kann es aber etwas länger dauern, auch die Nachwärme ist verlorene Energie – und gefährlich, wenn man kleine Kinder hat. Töpfe lassen sich auf den erhöhten Feldern nicht so einfach verschieben.

Auf Ceran- oder Glaskeramik-Kochfeldern können Töpfe problemlos hin und her bewegt werden (Achtung, dass keine Kratzer entstehen). Sie verbrauchen weniger Energie als Massekochfelder. Bei Induktionskochfeldern sorgen Magnetspulen für Hitze im Topfboden, deswegen ist spezielles Kochgeschirr notwendig. Sie heizen schnell auf und kühlen schnell ab. Das spart Strom. Für Gaskochfelder benötigst du einen separaten Gasanschluss. Kochen mit Gas macht Spaß, denn es bietet die schnellste und am besten zu dosierende Hitze. Die Reinigung nervt aber. Gas kocht übrigens am effizientesten!

Je mehr Stufen dein Kochfeld hat, desto besser kannst du die Hitze regulieren. Achte darauf, dass die Kochzonen variabel sind, sodass du verschiedene Topfgrößen verwenden kannst, und dass der Abstand zwischen den Kochzonen – auch wenn alle in Gebrauch sind – groß genug ist für deine Töpfe (siehe Tipp 62 bei Töpfe, Pfannen und Messer).

Wenn du beim Kochen die passenden Töpfe und Deckel verwendest und die Hitze gut und regelmäßig regulierst, brauchst du kein Gerät mit Ankochautomatik, Topferkennung, Koch- und Bratsensor oder Pro-Cook-Funktion.

Einfache Backöfen bieten die Standardbetriebsarten Ober- und Unterhitze, bessere Modelle auch Umluft, Heißluft, Grill- oder Dampfgarfunktion. Die Investition kann sich lohnen, wenn du den Backofen viel nutzt. Heiß- und Umluftbetrieb spart durch bessere Wärmeausnutzung viel Heizenergie.

Teure Backöfen reinigen sich oft von selbst. Bei der katalytischen Selbstreinigung heizt der Ofen auf 200 bis 300 Grad, sodass Fett und Dämpfe verbrennen. Bei Pyrolyse heizt der Ofen auf knapp 500 Grad und verglüht alles zu Asche. Entscheidest du dich für ein Gerät mit diesen Funktionen, dann nutze sie! Sie funktionieren wirklich!

Kauf nur ein Gerät mit Hitzeschutztür. Diese sorgt für eine gute Isolierung. Das spart Strom und Geld – und Kinder und Haustiere können sich nicht verbrennen! Auch eine Verriegelungsfunktion ist mit kleinen Kindern im Haushalt sinnvoll.

Einige (teurere) Backöfen führen dich durch spezielle Back- und Bratprogramme. Damit gelingt auch Kochanfängern ein Rinderfilet ... Das kostet aber!

PFLEGE UND REINIGUNG VOM BACKOFEN

Wer möchte, dass der Backofen lange schön und sauber bleibt, der reinigt ihn am besten jedes Mal, wenn er noch leicht warm ist, mit normalem Spüli. Ist etwas angebrannt, dann vorher bitte einweichen. Bei hartnäckigen Verkrustungen hilft Natronlauge oder Waschsoda. Spezielle Ofenreiniger sind nicht nötig.

55 Mikrowelle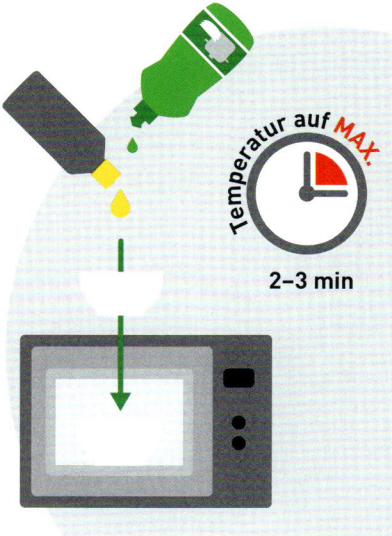

Überlege dir VOR dem Kauf einer Mikrowelle, was du mit ihr anstellen willst. Es gibt viele Möglichkeiten: erwärmen, auftauen, kochen, grillen, dampfgaren etc.

Wenn du nur Essen aufwärmen oder auftauen möchtest, dann tut es ein günstiges Sologerät mit einer geringen Wattleistung. Mehr als 600 Watt solltest du zum Erhitzen ohnehin nicht verwenden, sonst sind die Speisen außen heiß und innen lauwarm. Besser zweimal mit 360 Watt erwärmen als einmal mit 600 Watt. Dann verteilt sich die Hitze gleichmäßiger. In Mikrowellen ohne Drehteller hat größeres Geschirr Platz. Allerdings verteilt sich die Wärme nicht so gut.

Achtung bei beschädigten Geräten! Ist die Mikrowelle runtergefallen, die Dichtung oder der Schließmechanismus der Tür defekt, besteht Gefahr, dass eine gesundheitsgefährdende Leckstrahlung austritt. Gerät unbedingt austauschen! Eine Reparatur lohnt sich in der Regel nicht. Und klar, Alufolie und Metall gehören **NIEMALS** in die Mikrowelle!

56 Spülmaschine

Bevor du ins Geschäft gehst, um eine Spülmaschine zu erwerben, überlege dir genau, wo du sie in deiner Küche anschließen willst, und miss den Standort aus. Eventuell passt die Standardgröße (60 cm) gar

REINIGUNG MIKROWELLE

Einfach und effektiv reinigst du die Mikrowelle, wenn du eine flache Schale gefüllt mit Wasser, etwas Spüli und Essig reinstellst und für einige Minuten bei voller Wattleistung erhitzt. Das verdampfende Gemisch löst die Verschmutzungen. Nach dem Ausschalten auswischen. Fertig!

Temperatur auf MAX.

2–3 min

nicht! Überschlage, wie viel Geschirr täglich zu Hause anfällt. Richtwert für eine drei- bis vierköpfige Familie sind 10 bis 14 Maßgedecke. Vielleicht lohnt sich die Investition in eine XL-Größe. Du kannst entscheiden zwischen Einbau-, Stand- oder Unterbaugeräten.

Vergleiche im Laden die Effizienzklassen der verschiedenen Modelle und achte auf möglichst niedrige Verbrauchswerte, das spart auf Dauer viel Geld. Sinnvoll ist ein Aquasensor, der automatisch erkennt, wie viel Wasser nötig ist, um das Geschirr sauber zu bekommen. Denke aber daran: Je höher die Ausstattung, desto höher der Preis! Müssen es wirklich 10 Programme oder die schicke Besteckschublade sein? Achte unbedingt auf die Ergonomie! Du solltest gut an

Grobfilter und Salzeinfüllstutzen herankommen (siehe Reinigung und Pflege). Die Geschirrkörbe sollten praktisch angeordnet sein und zu deinem Geschirr passen. Klappbare Körbe sind toll, da besonders flexibel im Einsatz. Benutzt du oft extragroße Teller, nimm einen mit ins Geschäft und probiere aus, ob er in die Wunsch-Maschine hineinpasst.

Besonders wenn du eine Wohnküche hast, ist die Betriebslautstärke wichtig. Günstige Modelle sind in der Regel lauter als Markengeräte. Weniger als 44 dB (Dezibel) ist wirklich leise. Auf dem Energielabel findest du die Angabe der Lautstärke. Dort steht auch die Trocknungsklasse der Maschine. Sie sollte mit A gekennzeichnet sein. Besonders effizient sind Zeolith-Trocknungssysteme, denn sie funktionieren ohne Strom. Sie sind aber recht teuer.

Tipp 56: Trotz Automatikprogrammen, die drei Klassiker reinigen am besten.

☐ Glas (40 °C) für leicht verschmutztes Geschirr

☐ Eco (50 °C) für normal verschmutztes Geschirr

☐ Intensiv (65 °C) für angebranntes und fettiges Geschirr

Nicht verzichten solltest du auf ein automatisches Absperrventil **(AQUA-STOPP).** Platzt der Schlauch, gibt es keine Überschwemmung. Wenn du kleine Kinder hast, ist es praktisch, wenn die Steuerungselemente nicht von außen bedienbar sind – sonst wird ständig die Maschine ausgeschaltet ...

Das Eco-Programm läuft zwar unglaublich lange (bis zu drei Stunden), trotzdem ist es das kostengünstigste Programm, da es Strom und Wasser spart.

57 Waschmaschine

Gerade wenn viel gewaschen wird, lohnt sich eine Waschmaschine mit der höchsten Energieeffizienzklasse A+++. Die aktuell schlechteste Klasse auf dem Markt ist A+. Der auf dem EU-Label angegebene Verbrauch bezieht sich meist auf das Eco-Programm. Der tatsächliche Strom- und Wasserverbrauch hängt also von deiner persönlichen Nutzung ab. Willst du wissen, wie hoch der Verbrauch in den anderen Programmen ist, schau in die Gebrauchsanleitung oder frage im Geschäft nach.

PFLEGE UND REINIGUNG DER SPÜLMASCHINE

Damit du lange Freude an deiner Spülmaschine hast:
- □ Nach dem Spülen solltest du die Tür zum Trocknen offen lassen
- □ 1x in der Woche Grobfilter, Flächensieb und Mikrofilter reinigen
- □ 1x im Monat Dichtungen mit Spüli abwaschen
- □ 1x im Monat ein heißes Programm (Intensiv) anschmeißen
- □ 2x im Jahr Maschinenpfleger verwenden

JAHRESVERBRAUCH

Die Betriebskosten für deine **WASCHMASCHINE** kannst du so ausrechnen:
Multipliziere die Verbrauchswerte für Wasser und Strom (für Eco-Programm vom Energielabel, für andere Programme aus der Gebrauchsanleitung) mit 0,29 Euro und 0,02 Euro (durchschnittlicher Wasserpreis laut Statistischem Bundesamt).

Am effizientesten arbeitet eine vollbeladene Maschine. Eine Handbreit Platz in der Trommel ist perfekt. Das Öko-Programm wäscht zwar lange, aber am günstigsten.

ÖKO-PROGRAMME

Eco-Programme erreichen nicht die Temperatur der normalen Waschprogramme. Durch eine längere Laufzeit (bei niedrigerer Temperatur) ist das Waschergebnis aber das gleiche. Das Problem: Einige Keime, insbesondere Pilze, werden erst bei höheren Temperaturen abgetötet. Deswegen empfehle ich immer ein pulverförmiges Vollwaschmittel. Das enthält Bleiche und wäscht in der Regel keimfrei schon bei 40 Grad. Ausnahme: Fußpilz und Magen-Darm-Grippe! Hier bitte das 60-Grad-Standardprogramm benutzen, 90 Grad muss nicht sein!

Achte auf eine hohe Schleuderzahl (1.200–1.800 U/min) und einen hohe Schleuder-Effizienzklasse. Überlege, welche Trommelgröße zu deinem Haushalt passt. Das Fassungsvermögen reicht von 3 bis 12 kg Wäsche.

Vergleiche Preise, Angebote und Service! Einige Händler bieten kostenlos Lieferung, Anschluss und Altgeräte-Entsorgung an.

Die neue Waschmaschine sollte gegen Wasserschäden geschützt sein. Viele, aber eben nicht alle Hersteller sichern eine Reihe von Risiken ab. Frage gezielt nach den Leistungen des Anbieters. Eine Wasserstopp-Garantie (Aqua-Stopp) gegen ein Aus- und Überlaufen der Waschmaschine sollte das Mindeste sein.

Überlege dir, welche Waschprogramme du tatsächlich brauchst und einsetzen willst. Mehr Ausstattung kostet auch mehr (wie immer). Sinnvolle Extras sind: freie Wahl von Temperatur und Schleuderdrehzahl, Extra-Spülgang, Spül-Stopp, Startzeit-Vorwahl, Anzeige der Restlaufzeit und Programmverriegelung bei kleinen Kindern im Haushalt. Steht die Waschmaschine in Hörweite, ist ein Signalton bei Programmende sinnvoll.

Die Waschmittelkammer sollte bequem herauszunehmen sein. Und auch an das Flusensieb solltest du leicht herankommen. Probiere das unbedingt im Geschäft aus! Gerade wenn die Maschine im Badezimmer oder in der Küche steht, achte auf den Lärmpegel! Die Angabe der Lautstärke findest du auf dem Energielabel.

PFLEGE DER WASCHMASCHINE

Damit deine Waschmaschine lange sauber und keimfrei wäscht, sei gut zu ihr:

☐ Einspülkammer und Trommel nach der Wäsche immer zum Trocknen offen lassen

☐ Waschmittelrückstände nach jeder Wäsche aus der Spül-schublade entfernen

☐ Die Gummidichtung an der Trommel nach- und auswi-schen

☐ 1x im Monat Waschmittel-schublade mit Handbürste reinigen

☐ 1x im Monat mit hohen Temperaturen (60 Grad Normalprogramm) und Vollwaschmittel waschen, um Keime und Gerüche zu beseitigen

☐ Alle 3–6 Monate das Flusen-sieb unter fließendem Wasser ausspülen

☐ Entkalker ist nicht nötig, denn er ist bereits in jedem Wasch-mittel enthalten

☐ In Regionen mit stark kalkhal-tigem Wasser 1x im Jahr (etwa alle 200 Waschgänge) mit Maschinenreiniger / Entkalker ohne Zugabe von Wäsche entkalken

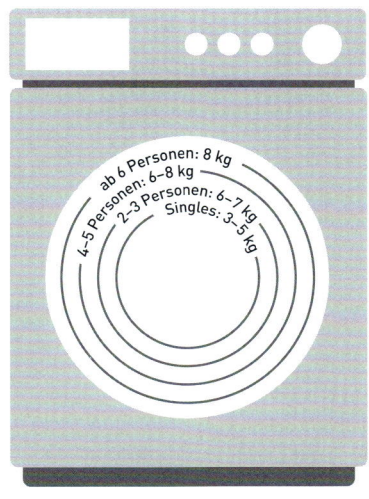

ab 6 Personen: 8 kg
4–5 Personen: 6–8 kg
2–3 Personen: 6–7 kg
Singles: 3–5 kg

Tipp 57: Welche Trommelgröße der Waschmaschine passt zu deinem Haushalt?

58 Trockner ⚡

Es gibt drei verschiedene Trockner-Techniken: Bei Ablufttrock-nern wird feuchte Luft über einen Abluftschlauch nach außen transpor-tiert (zum Beispiel Fenster, Mauer-durchbruch). Die Raumluft wird zum Trocknen genutzt. Die Geräte sind günstig, der Energieverbrauch aber nicht. Lohnt sich eigentlich nur für diejenigen, die ihren Strom (umwelt-freundlich) selber produzieren.

Bei Kondensationstrocknern wird die Feuchtigkeit aus der Wäsche kondensiert und das angesammelte Wasser in einem Behälter aufgefan-gen. Die zum Trocknen benötigte

Energie wird als Wärme in den Aufstellungsraum abgelassen. Kondensationstrockner erreichen nur Energieeffizienzklasse B. Wärmepumpentrockner sind die sparsamsten Geräte. Sie sind in der Anschaffung teurer, aber die einzigen Trockner mit Energielabel A, A+, A++, A+++. Gute Geräte gibt es ab 400 Euro. Ein Waschtrockner ist ein Kombigerät aus Waschmaschine und Trockner. Er verbraucht je nach System mehr Energie und Wasser als zwei getrennte Geräte.

JAHRESVERBRAUCH

Die jährlichen Betriebskosten für deinen **TROCKNER** kannst du einfach errechnen: Multipliziere den auf dem Energielabel angegebenen Jahresenergieverbrauch mit 0,29 Euro / kWh.

Wie auch bei der Wasch- und Spülmaschine arbeitet ein vollbeladener Trockner am effizientesten. Bedenke deswegen, wie viel Volumen du brauchst. Im Angebot sind 6 bis 9 kg Füllmenge.

Bei einigen Modellen muss das Flusensieb nach jedem Durchlauf gereinigt werden. Deswegen sollte es, genauso wie alle Filter und eventuell der Kondenswasserbehäl-ter, leicht herauszunehmen sein. Lass dir das im Geschäft zeigen! Einige Hersteller bieten selbstreinigende Trockner an. Verschiedene Modelle pumpen das Kondenswasser automatisch ab. Diese Goodies kosten natürlich etwas mehr, sind aber tatsächlich praktisch. Bei kleinen Kindern im Haushalt ist eine Programmverriegelung nützlich. Sinnvoll sind auch eine Programm-ablauf-Anzeige, Startzeitvorwahl und ein akustisches Signal, wenn die Trocknung fertig ist.

Ein Waschtrockner kann sich für Haushalte lohnen, die wenig Platz haben und wenig zu trocknen. Denn der Energieverbrauch ist etwas höher und es lässt sich weniger Wäsche trocknen als waschen. Allerdings: Geht eine Funktion kaputt, steht auch die andere nicht zur Verfügung. Und Waschtrocknen dauert (bis zu 5 Stunden) ...

Am günstigsten trocknet die Wäsche natürlich an der frischen Luft und in der Sonne.

59 Staubsauger

Wie bei allen Haushaltsgeräten kommt es auch beim Staubsauger darauf an, dass er leicht zu bedienen ist, handlich und wendig, sonst wird das Staubsaugen zur Tortur! Das Gerät sollte auch nicht zu

Beispielrechnung für 10 Jahre

WÄSCHETROCKNER 7 kg Füllmenge, Jahresverbrauch laut Energielabel

Technik	Abluft	Kondensation	Wärmepumpe
Energieeffizienzklasse	C	B	A+++
Energieverbrauch / Jahr	510 kWh	500 kWh	160 kWh
Kosten nach 10 Jahren (bei 0,29 €/kWh)	1.480 Euro	1.450 Euro	460 Euro

-70%

schwer sein, damit du es gut bewegen (und eventuell treppauf und treppab tragen) kannst. Bitte im Geschäft ausprobieren!

Wichtig ist, dass der Staubsauger einen guten Filter hat, damit auch die Abluft sauber ist und du dir keinen gesundheitsgefährdenden Feinstaub in die Bude pustest. Wie viel Staub der Sauger durchlässt, erkennst du an der Staub-Emmisionsklasse auf dem Energielabel.

Sinnvoll für Allergiker sind HEPA-Filter. Ob ein HEPA-Filter im Gerät steckt, steht in der Produktbeschreibung. Wenn du kein Allergiker bist, überlege dir, ob vielleicht ein etwas teurerer beutelloser Staubsauger etwas für dich wäre. Zwar staubt es etwas beim Entleeren des Behälters, aber der teure Beutelwechsel (etwa alle 3 Monate) fällt weg.

Die Düsen deines neuen Geräts sollten leicht zu wechseln und alle Teile einfach zusammenzustecken sein. Es sollten im Übrigen auch **ALLE** zum Einsatz kommen und nicht nur die große Düse!

Generell gilt: Teppich braucht stärkere Saugkraft als Holzboden, bei Tierhaaren bitte auf ein hochwertigeres Modell setzen. Auf dem Energielabel erkennst du, wie gut das Modell Teppiche reinigt und wie gut es auf Hartholzböden saugt. A ist am besten.

Seit September 2017 ist die Wattzahl von Staubsaugern in der EU auf 900 Watt gedrosselt. Aber keine Sorge: Sauger mit geringer Wattzahl saugen genauso gut wie solche mit hoher Wattzahl. Das Zusammenspiel aus Filtern, Düsen und Motor entscheidet über die Saugleistung.

Tipp 59: Ja, ich weiß, mit der großen Düse kommt man (fast) überall ran, aber die kleineren sind wirklich sehr nützlich! Sie schonen Sofabezüge und Kissen und sie passen prima in die Ecken oder hinter das Bücherregal. Einfach mal ausprobieren!

Für Single-Haushalte mit relativ kleiner Wohnung und ausschließlich Hartholzböden genügt meist ein günstiges Modell. Familien mit Teppichen und größerer Wohnfläche sollten mit etwa 150 Euro für ein solides Gerät rechnen.

PFLEGE DES STAUBSAUGERS

Säubere nach dem Saugen die Düsen und achte beim Aufbewahren darauf, dass der Schlauch keinen Knick hat. Sonst wird er undicht!

60 Küchenmaschine

Neben den klassischen Grundfunktionen, wie kneten, zerkleinern oder schlagen, können einige Küchenmaschinen auch kochen oder dämpfen. Mit Spezialaufsätzen kannst du viele andere Küchengeräte ersetzen, zum Beispiel Getreidemühle, Fleischwolf oder Mixer. Das ist praktisch, aber nicht automatisch im Lieferumfang enthalten. Oft ist das nämlich nur eine Basisausstattung und du musst das Zubehör für weitere Funktionen extra bezahlen.

Überleg dir VOR dem Kauf gut, wofür du deine Küchenmaschine einsetzen möchtest, und suche dann gezielt das passende Gerät. Vielleicht reicht das Einsteigermodell ab 60 Euro? Lass dir im Laden nicht das kochende Luxusprodukt für mehr als 1.000 Euro aufschwatzen, wenn du es nicht wirklich haben möchtest!

Die Funktionen und die Anwendung der Küchenmaschine solltest du dir im Geschäft genau erklären lassen! Denn so einfach, wie es oft aussieht, ist die Bedienung nämlich nicht! Um gute Ergebnisse zu erzielen, musst du die meisten Geräte gut kennen und beherrschen. Viele Hersteller empfehlen sogar einen extra Einführungskurs! Stell dich also auf jeden Fall auf eine Einarbeitungszeit ein!

Überprüfe, ob du alle Schalter gut erreichen kannst und wie sich die verbauten Materialien im Schalterbereich anfühlen. Sind sie von minderer Qualität, kann es passieren, dass sie schon nach kurzer Zeit nicht mehr ordnungsgemäß funktionieren. Achte darauf, dass die Maschine zahnradbetrieben ist, das ist nicht so verschleißanfällig wie eine Riemenübertragung. Frage außerdem nach der Materialkombination im Innenleben. Grundsätzlich gilt: Bei Zahnrädern hält gleiches Material mit gleicher Härte länger. Kombinationen aus Kunststoff- und Metallzahnrädern verschleißen schneller.

Ein weiterer wichtiger Faktor für die Lebensdauer der Küchenmaschine ist die Motorkohle oder „Bürste". Das winzige Bauteil ist zuständig für die Stromübertragung zum Motor. Ist die verbaute Kohle zu kurz, nutzt sie schneller ab und der Motor fällt aus. Dass Gerät muss entweder zum Kundendienst oder in die Werkstatt. Frage im Laden gezielt nach dem Bauteil!

Falls du einen Herzschrittmacher oder andere aktive Implantate hast, dann bitte keine Maschinen mit Induktionstechnik kaufen!

FERNSEHTIPP: Bei unserem Haushaltscheck-Test zu Küchenmaschinen hat die günstigste (nicht kochende) Marken-Küchenmaschine am besten abgeschnitten!

KAUFEN FÜRS KARMA

Die **WELTVERBESSERER** unter euch kaufen natürlich:

- ☐ Elektrogeräte mit Umweltengel
- ☐ (Wenn möglich) nur Geräte mit der besten Effizienzklasse
- ☐ Kühlgeräte mit halogenfreien Kälte- und Schäumungsmitteln

TÖPFE, PFANNEN UND MESSER

Ich habe meine Kochtöpfe seit 25 Jahren. Damals ganz klassisch zur Hochzeit geschenkt bekommen, werden sie immer noch jeden Tag benutzt und sehen immer noch richtig gut aus.

Sie sind aus Edelstahl und haben den ein oder anderen elendigen Kochversuch stoisch über sich ergehen lassen. Ich kann nicht zählen, wie oft der kleinere Gemüsetopf wieder sauber ge-schrubbt werden musste, weil mir wieder mal die Kartoffeln-Möhren-Kombi für den Babybrei angebrannt ist.

Wenig Wasser, klein geschnittene Kartoffeln und Möhren dazu, Deckel drauf. Ankochen und dann die Hitze runterregeln. Wenn du allerdings den letzten Punkt verpennst, bildet sich eine schöne Kohleschicht am Boden. Dann alles rauskratzen und den Topf mit Spüli und Wasser kurz erhitzen und stehen lassen. Wird wieder wie neu!

Mein Lieblingstopf ist noch älter als ein viertel Jahrhundert. Ich habe ihn von meiner Schwiegermutter übernommen, weil uns niemand einen großen Bratentopf geschenkt hatte. Er ist perfekt, auch wenn leider der Deckelknauf seit 23 Jahren fehlt. Er klappert nicht, wackelt nicht, verteilt die Wärme gleichmäßig, die Griffe werden nicht heiß, er liegt gut in der Hand, er passt in den Kühlschrank – man kann Bowle drin machen!

Er ist einfach toll, und ich werde ihn nie verlassen. Darum gibt es im Hause Willicks auch keinen Induktionsherd, denn neben dem Deckelknauf fehlt ihm auch der magnetische Kern.

TÖPFE

61 Was habe ich für einen Herd?

Du musst wissen, was du hast, damit du weißt, was du brauchst. Nicht alle Töpfe passen für alle Herde. Weder von der Größe her noch vom Material. Erst wenn du weißt, was du für einen Herd hast und welche Abmessungen er hat, kannst du die richtigen Töpfe kaufen.

62 Wie groß ist mein Herd?

Guck dir die Anordnung deiner Platten genau an und mach ein Foto. Im Geschäft solltest du dann probieren, ob auch alle Töpfe gleichzeitig draufpassen würden. Denn die vom Anbieter angegebenen Topfgrößen beziehen sich nicht auf den Boden, sondern auf den Durch-messer des inneren oberen Rands.

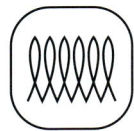

Induktion **Gas** **Elektro** **Glaskeramik** **Halogen**

63 Druckprobe
Mach die Druckprobe!
Lassen sich die Seiten des Topfes ein bisschen zusammendrücken, sind die Wände zu dünn. Ein schwerer Topf kocht immer besser.

64 Edelstahl
Edelstahltopf nur mit Sandwichboden kaufen! Sonst wird die Wärme schlecht geleitet und alles brennt an. Und denk daran: Das Material ist empfindlich gegen Salz. Darum nie Salz einfach so in einen Edelstahltopf geben und auch besser mit der Hand spülen. In der Spülmaschine bzw. im Reiniger ist auch Salz!

65 Griffe
Der Topf soll heiß, die Griffe aber kühl bleiben! Achtet auf Kaltgriffe, am besten aus Edelstahl! Nicht jeder Kunststoff verträgt hohe Temperaturen und ist für den Backofen geeignet! Hat ein Topf wackelige Griffe oder Stellen, die kaum zu säubern sind, **NICHT** kaufen! Und selbstverständlich verdient jeder Topf einen gut sitzenden Deckel! Sonst macht euch das Klappern beim Kochen wahnsinnig.

66 Sets
Topfsets sind im Verhältnis meist günstiger als einzelne Töpfe. Auf Sonderangebote achten, aber lieber etwas mehr als weniger Geld für gute Töpfe ausgeben!

67 Grundausstattung
5 Töpfe braucht der Koch! 1 Fleisch-/Suppentopf, 2 mittelgroße Töpfe, 1 Stieltopf (Kasserolle) und 1 Bratentopf (siehe nächste Seite).

68 Ordnung im Topfschrank
Ganz ordentlich und ganz einfach selber gebaut mit ein paar Schallplatten- oder Bücherhaltern vom Flohmarkt und einem ausziehbaren Drahtkorb. Für die Deckel eignen sich Handtuchhalter perfekt.

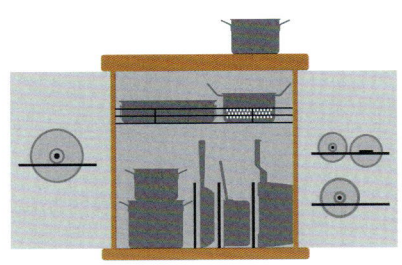

TÖPFE

Tipp 67: The Big Five! Diese Töpfe brauchst du wirklich:

1 x FLEISCH- / SUPPENTOPF
Geeignet für Hühnchen, Spaghetti, Eintopf. Dieser Topf hält meist ein Leben lang.

2 x MITTELGROSSE TÖPFE
Hier ruhig zwei Größen kaufen! Der eine ist dann für Gemüse, der andere für Kartoffeln.

1 x STIELTOPF
Superpraktisch für Soßen und Milch: Sollte etwas überkochen, kannst du schnell mit einer Hand zugreifen und mit der anderen weiterrühren.

1 x BRATENTOPF
Er hat einen niedrigen Rand und ist breit, damit das Fleisch darin gut angebraten und gewendet werden kann. Hm, Röstaromen ... lecker!

NICE TO HAVE:

DÄMPFEINSATZ
Für alle, die auf ihre Ernährung achten und auf Fett möglichst verzichten wollen (also ALLE!), lohnt sich ein Dämpfeinsatz, der in den Gemüsetopf passt. Das Sieb einfach in den Topf stellen, unten Wasser rein und dann Gemüse schonend darin gar dämpfen.

SCHNELLKOCHTOPF
Schonende Zubereitung für besonders Eilige, weil das Gargut fest im Topf verschlossen ist. Achte auf einen festen und hochwertigen Dichtring! Mit dem Ventil sollten mindestens zwei Garstufen eingestellt werden können.

PFANNEN

SPEZIALTÖPFE für schonende Zubereitung:

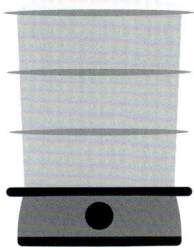

DAMPFGARER
Zeitsparende Zubereitung, einfach und ohne Fett – auf mehreren Ebenen gleichzeitig. Eignet sich für Fisch, Fleisch oder Gemüse.

CROCKPOTS
Das sind Langsamgarer. Sie garen vitaminschonend zwischen 60–90 °C. Besonders geeignet für Eintöpfe, Schmorbraten und Gemüse.

Auch ohne Deckelknauf mein Lieblingstopf.

Eines mal vorneweg: Pfannen begleiten einen nicht so lange durchs Leben wie Töpfe. Jedenfalls nicht die beschichteten. Das sind echte Diven! Ein bisschen zu viel Hitze, mit der Gabel mal kurz im Rührei rumpieken oder zum Saubermachen die falsche Seite des Schwamms benutzen – all das mögen sie gar nicht. Ich hatte – egal in welcher Preisklasse – keine beschichtete Pfanne länger als drei Jahre in Gebrauch. Darum benutze ich jetzt eine ganz einfache für Rührei und Pfannkuchen und greife sonst zu meiner 25 Jahre alten Edelstahlpfanne für Kurzgebratenes, zum Andünsten und für Bolognese. Sie hat einen gut sitzenden Glasdeckel und einen nicht abnehmbaren Griff (der sich gerne im Topfkarussell verhakt, aber na ja ...).

Für Steaks und alles, was kross angebraten werden muss, empfehle ich eine mittlere eingebrannte Eisenpfanne. Ich sag euch weiter unten, wie das geht! Das ist sooo super. Die Patina, die durch das Einbrennen entsteht, wirkt wie eine Antihaftbeschichtung. Hätte ich das früher gewusst, hätte ich eine Menge Geld gespart für angebliche Superbeschichtungen, die ewig halten.

Und nur um den Zuschriften von euch vorzugreifen: Der Handel bietet stationär und im Teleshopping eine Pfannenserie mit einem besonderen Gussverfahren an. Die Beschichtung ist zwar tatsächlich besser als bei anderen Herstellern, aber die Dinger sind so schwer, die krieg ich kaum gehoben. Erst recht nicht, wenn das Gemüse für fünf Leute drin ist, und obendrein verkratze ich mir mein ganzes Ceranfeld beim Hin-und-her-Schieben ...

69 Grundausstattung

Du brauchst zwei unterschiedliche Arten von Pfannen, um ordentliche Ergebnisse zu erbraten!

Eine unbeschichtete für hohe Temperaturen und eine mit Antihaftwirkung für niedrige Temperaturen. Wenn du gerne Eierspeisen magst und Angst vorm Anbrennen hast, dann erleichtert dir eine Pfanne mit Antihaftbeschichtung aus PTFE (bekannt als Teflon) das Leben. Aber **ACHTUNG:** Viel Hitze vertragen sie nicht. Vorsicht bei Induktionsherden! Die werden echt schnell sehr heiß. Auf das Zeichen PFOA-frei achten. Dann kannst du ganz sicher sein, da dünstet nix aus.

Fürs ganz heiße Anbraten kannst du wählen zwischen den unbeschichteten Klassikern aus Eisen, Aluminium oder Edelstahl. Keramik gibt es auch

Tipp 69: Achtung Diva! Beschichtete Pfannen mögen keine Gabeln, Messer oder scharfkantigen Hölzer. Bitte mit Vorsicht und Bedacht behandeln, sonst sind sie schnell hin.

PFANNEN

Tipp 69: Welche Pfanne für was?

Antihaftversiegelung, die garantiert frei von Perfluoroctansäure (PFOA) ist. Der gesundheitlich bedenkliche Stoff wurde früher häufig verwendet.

TEFLONPFANNE
+ fettarm kochen
+ für empfindliche Speisen
+ starke Antihaftwirkung
- zerkratzt schneller
- nur bis 230 °C

EMAILLEPFANNE
+ Allrounder
+ sehr hitzebeständig
+ geruchs-/ geschmacksneutral
+ umweltfreundlich
+ kratzfest
- schwache Antihaftwirkung

KERAMIKPFANNE
+ sehr hitzebeständig
+ gute Antihaftwirkung
+ relativ kratzfest
+ vielseitig
- Antihaftwirkung nimmt mit der Zeit ab

GUSSEISENPFANNE
+ gut zum Braten oder Schmoren
+ extrem robust
+ speichert Wärme gut
- mag keine Säuren
- braucht Übung

EISENPFANNE
+ günstig
+ hitzebeständig
+ heizt schnell auf
+ für krosse Speisen
- mag keine Säuren

EDELSTAHLPFANNE
+ hitzebeständig
+ geschmacksneutral
+ unempfindlich
+ speichert Wärme gut
- wird langsam heiß

KUPFERPFANNE
+ hält ewig
+ speichert Wärme gut
+ vielseitig
- mag keine Säure
- teuer

WOK-PFANNE
+ für knackiges kurzes Anbraten
+ für asiatische Speisen
+ hitzebeständig
+ hält ewig

noch. Diese Materialien haben keine Probleme mit großer Hitze. Achte aber beim Kauf darauf, dass du die Pfanne hochheben kannst – auch wenn noch 2 kg Geschnetzeltes darin brutzeln.

70 Gewicht

Stell die Pfanne ruhig mal auf die Waage! Die stehen im Laden meist nicht weit … Bei einer 24-cm-Pfanne sollte das Gewicht zwischen 0,8 und 1,5 kg liegen, bei einem 28-cm-Modell zwischen 1 und 1,8 kg. Weniger und mehr sollte es nicht sein!

71 Größe

Für einen Haushalt mit mehr als einer Person eignen sich am besten Pfannen mit einem Durchmesser von 24 cm oder 28 cm. Für die allermeisten Kochvorgänge ist ein mittelhoher Rand sinnvoll.

72 Form

Runde Pfannen sind besser als eckige. Sie sind leichter zu reinigen und erwärmen sich besser. Außerdem geht der klassische Bratenschwung kaum mit einer eckigen Pfanne.

73 Griff

Eine Pfanne braucht einen Stielgriff aus Metall, am besten genietet. So kann das Bratgeschirr auch mal in den Backofen, und Nieten halten bombenfest! Nur wer wenig Platz im Topfschrank hat, für den sind abnehmbare Stiele sinnvoll!

74 Immer mit Deckel!

Kaufe nie eine Pfanne ohne passenden Deckel! Und natürlich sollte die Pfanne (oder der Kochtopf) nie kleiner als die Platte sein, auf der gekocht wird.

75 Kosten

Gute Pfannen gibt es ab ca. 35 Euro.

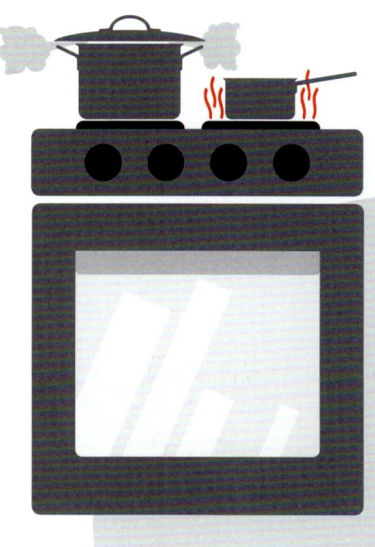

Tipp 74: Achtung Energieverschwendung! Pfannen und Töpfe gehören immer auf passende Kochfelder – mit passendem Deckel.

Tipp 70: Eine gute Pfanne ist eher schwerer als leicht. Aber denk daran, dass du die Pfanne auch noch heben musst, wenn sie randvoll mit Gemüse oder Soße ist.

WOK ALS KUGELGRILL

Mit einem Wok als Deckel wird aus einem normalen Gartengrill im Handumdrehen ein Kugelgrill. Mit Pizzastein wird daraus sogar ein perfekter Pizzaofen!

KAUFEN FÜRS KARMA

Die **WELTVERBESSERER**
unter euch kaufen natürlich:

☐ Langlebige Pfannen und Töpfe
☐ Pfannen, die nachbeschichtet
　 werden können

EINBRENNEN VON EISENPFANNEN

Beim Einbrennen wird durch Öl und Hitze ein Antihaftfilm, eine sogenannte Patina, auf die Oberfläche der Eisenpfanne gebracht. Sie hat zwar etwas weniger Antihaftwirkung als bei einer beschichteten Pfanne, hält aber wesentlich länger. Ist die Patina mal beschädigt, kann die Pfanne wieder neu eingebrannt werden. So kann die Eisenpfanne dich ein ganzes Leben lang begleiten. Und so geht es:

☐ Pfanne mit Waschmittel (!) für 30–60 Minuten einweichen lassen und anschließend gut abspülen (dadurch werden Produktionsrückstände aus der Pfanne entfernt).

☐ Pfanne im Ofen (Ober- und Unterhitze) auf 100 Grad erhitzen, um sie richtig zu trocknen.

☐ Im Anschluss die komplette Innenseite der Pfanne mit Leinöl einreiben, bis die Pfanne glänzt. Dann mit einem trockenen Papiertuch wieder abreiben, bis sie nicht mehr glänzt.

☐ Nun die Pfanne umgedreht auf den Rost legen und 1–2 Stunden bei 250 Grad backen. Ofen ausschalten, Pfanne im Ofen abkühlen lassen. Wegen der Dämpfe die Backofentür nicht öffnen!

☐ Ölen und brennen wiederholen, bis die Pfanne leicht glänzt! Nach dem ersten Brenndurchgang ist die Pfanne zwar schon dunkler geworden. Sie hat aber noch keine Patina. Es können bis zu sechs Brennvorgänge nötig sein, bis die Pfanne fertig ist. Perfekt wird die Patina dann nach den ersten paar Bratdurchgängen.

Gute Fachgeschäfte übernehmen das Einbrennen von Eisenpfannen – der ganze Qualm bleibt im Laden!

MESSER

Das Einzige, was sich mein Mann damals zur Hochzeit für unseren Gabentisch (gibt es das heute eigentlich noch?) ausgesucht hat, war der Messerblock mit sechs Messern und einem Wetzstahl. Von den sechs Messern haben wir mindestens zwei bis heute nicht benutzt, und auch der Wetzstahl ist – zumindest bei mir – noch niemals zum Einsatz gekommen.

Natürlich war die Verwandtschaft großzügig und schenkte uns richtig gute Messer samt Aufbewahrungsblock, und mein Mann war sehr glücklich mit seinem EINZIGEN Geschenk. Mit mir – kurz nach der Hochzeit – weniger. Ich wollte in unserer neuen Wohnung eine Holztür streichen, und die Farbdose ging partout nicht auf. Mit dem sehr handlichen Gemüsemesser mit der kurzen und geraden Klinge ging es dann doch. Es passte perfekt unter den Metallrand, und mit ein bisschen Hebeln: Zack, war die Dose auf. Aber leider auch die Messerspitze verbogen. Unser Eheglück war aber nur kurzzeitig getrübt. Heute regt er sich beim Thema Messer nur noch auf, wenn ich mit blutendem Finger vor ihm stehe und mal wieder kein

Pflaster finde. („Wie kann das sein, dass du dich ständig schneidest?") Na ja, ihr kennt das ja sicher, oder?

76 Grundausstattung
Du brauchst nicht so viele Messer, wie der Markt bietet! Du benötigst ein Universalmesser, ein Kochmesser und ein Brotmesser mit Wellenschliff.

77 Klinge
Achte beim Kauf auf die Verarbeitung: Die Klinge darf nicht angesetzt sein. Ein gutes Messer ist durchgeschmiedet. Der Klingenstahl geht durch den ganzen Griff. Das bringt ein super Gewicht und erhöht die Haltbarkeit. Kaufe niemals ein Messer in der Verpackung! Probiere im Laden aus, wie es in deiner Hand liegt. Denke bei Keramikmessern daran: Die Spitze kann schnell abbrechen!

78 Aufbewahrung
Messer gekauft? Überlege dir schon im Laden, wie du die Messer aufbewahren willst. Im Messerblock oder an der Magnetleiste bleiben deine nützlichen Helferlein viel länger scharf und schön als in der Schublade.

79 Schütz die Spitze

Wenn du (noch) kein Geld für einen Messerblock oder eine Magnetleiste hast: Schütze die Messerspitzen mit einem alten Weinkorken. Dann schlagen die Klingen in der Schublade nicht zusammen und die Spitze wird geschont. Etwas umständlich, aber sicher liegen die Messer auch in ihrem Originalkarton ...

MESSER REINIGEN

Messer nach Gebrauch unter heißem Wasser abwaschen und gleich abtrocknen. Auch wenn es draufsteht: Messer gehören **NICHT** in die Geschirrspülmaschine!

Tipp 76: So ein kleines Messerchen nennen wir zu Hause Pitterken! Es muss rosten, damit es immer schön scharf ist. Glänzend wird es wieder mit einem angefeuchteten, in Backpulver getauchten Korken. Damit ordentlich rubbeln! Und falls ihr es mal nicht mehr finden könnt in der Küche: Es landet relativ oft im Kompostmüll!

MESSER

Tipp 76: Die ersten vier Schneidewerkzeuge sind in jeder Küche unverzichtbar –
zur Kür gehören dann Santoku, Filiermesser und Ausbeinmesser.

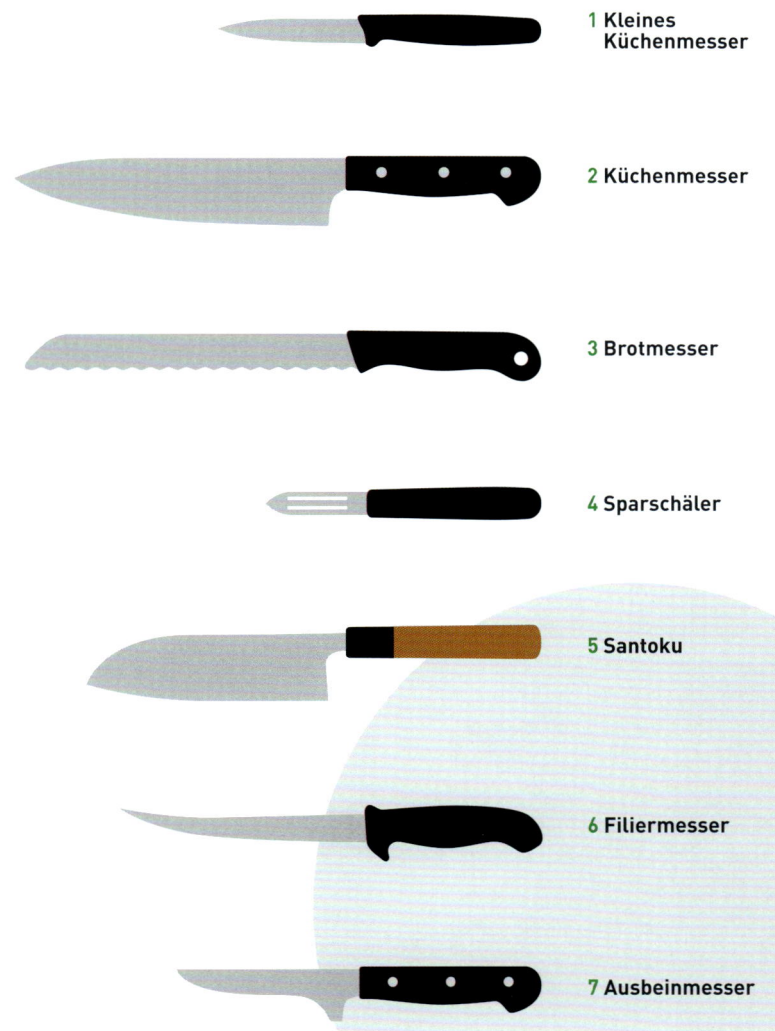

**1 Kleines
Küchenmesser**

2 Küchenmesser

3 Brotmesser

4 Sparschäler

5 Santoku

6 Filiermesser

7 Ausbeinmesser

80 Schärfen

Wetzstahl oder Messermaus? Ich empfehle eine Messermaus zum Schärfen, da sind die Wetzrollen so angebracht, dass du nix falsch machen kannst. Der Wetzstahl braucht Übung und Platz im Messerblock!

Tipp 81: So bist du küchenhygienisch auf der richtigen Seite ...

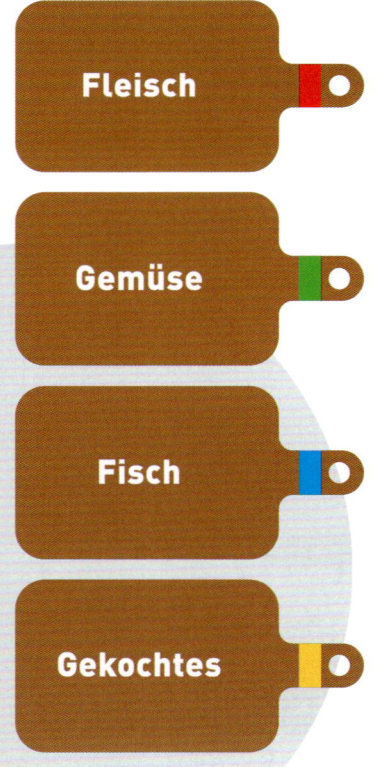

81 Schneidebretter

Damit die Schneiden deiner neuen Messer schön scharf bleiben, solltest du auf weichen Schneidebrettern aus Kunststoff oder Holz arbeiten. Kaufe keine dünnen Brettchen, die sich schnell verbiegen. Am besten vier Bretter in unterschiedlichen Farben oder gekennzeichnet mit einem farbigen Klebeband.

82 Zubehör

Zum Schneiden und Schnippeln gehört auch Schälen. Deswegen kauf dir unbedingt noch einen Sparschäler! Achte darauf, dass du ihn gut, einfach und schnell benutzen kannst. Probiere das am besten im Geschäft aus. Sparschäler sind ständig im Einsatz, deswegen müssen sie auch leicht zu reinigen sein. Bist du Linkshänder? Dann lohnt sich ein spezielles Linkshänder-Gerät.

Und wo wir gerade dabei sind: Einen Reibeblock brauchst du auch!

83 Preise für Messer

Jetzt tut es ein bisschen weh: Gute Messer, an denen du lange Freude hast, sind nicht billig. Kochmesser: etwa 70–100 Euro, Universalmesser: 30–50 Euro, Brotmesser: ca. 50 Euro.

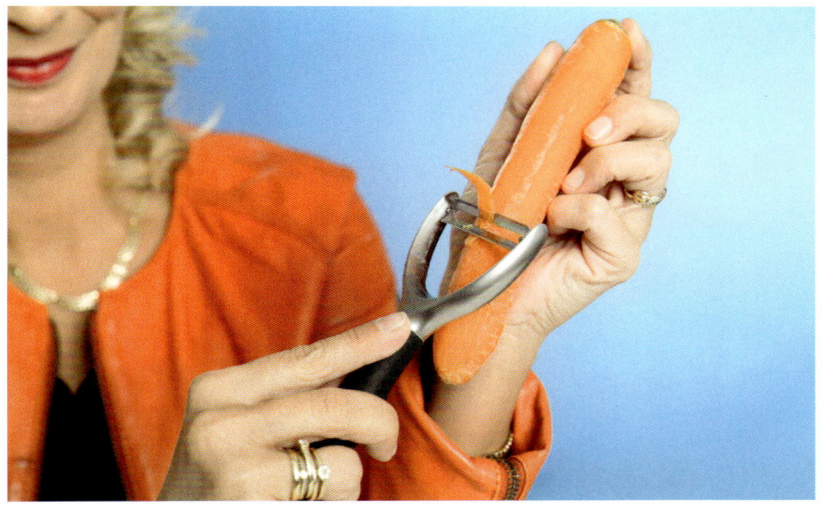

Tipp 87: Sparschäler gibt es in vielen unterschiedlichen Varianten. Ich schwöre auf Y-Schäler. Aber das muss jeder für sich ausprobieren!

84 Messer für Linkshänder

Für Linkshänder lohnen sich spezielle Messer nur, wenn der Schliff einseitig ist, etwa bei Brotmessern. Messer mit glatter Klinge können von Rechts- und Linkshändern gleich gut genutzt werden. Sinnvoll sind Linkshänder-Varianten auch bei Sparschälern, Scheren und Dosenöffnern.

Tipp 82: Bei Sparschälern lohnen sich Linkshänder-Varianten, weil die Geräte einseitig geschliffen sind. Ausnahme von der Regel sind Y-Schäler, da sie von oben nach unten geführt werden.

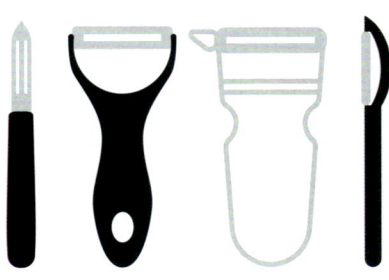

KÜCHENHELFER

Es ist verrückt, wie viele Küchenhelfer sich im Laufe eines Lebens in Schubladen, Eckschränken und Topfkarussells ansammeln. Von A wie Avocado-Entkerner bis Z wie Zwiebelschneider bietet der Markt alle möglichen Helferlein, die uns das Leben einfacher machen sollen. Die meisten fristen dann aber ein tristes Dasein von „Nicht-Gebrauch" in ihren Nischen. Jetzt habe ich immer die Ausrede, dass ich ja alles mal ausprobieren muss, und darum ist meine Sammlung beachtlich ...

Ich habe mich in der Tat mit dem Sinn und Unsinn von Ananas- und Bananenschneidern befasst und ich habe mich öfter, als ich zählen kann, mit verklemmten Schubladen herumgeschlagen, weil sich der Apfelteiler wieder zwischen dem Eierschalensollbruchstellenverur-

sacher und dem Erdbeerstrunkentferner verkeilt hatte. Den braucht man im Übrigen definitiv nicht. Das klappt super mit einem Strohhalm. Einfach von unten durchstechen!

Aus Erfahrung kann ich sagen: Wildes Herumrütteln an der Schublade hilft meistens nicht! Besser ihr nehmt einen langen Kochlöffel oder ein festes Lineal, drückt damit alles nach unten und zieht dann vorsichtig am Griff, ohne in Hektik zu verfallen.

Und da nun mal in der Ruhe die Kraft liegt, lohnt es sich, in der nun offenen Schublade gleich mal Ordnung zu schaffen.

85 Schubladen-Trenner
Das geht ganz einfach zum Selberbasteln mit Sperrholz.

Tipp 85: DIY-Schubladen-Trenner: Dünne Sperrholzplatte auf Länge sägen. Jeweils die Längs- und Querbalken bis zur Hälfte einsägen und dann ineinanderstecken. Scharfe Kanten abfeilen, anmalen. Fertig!

VORHER

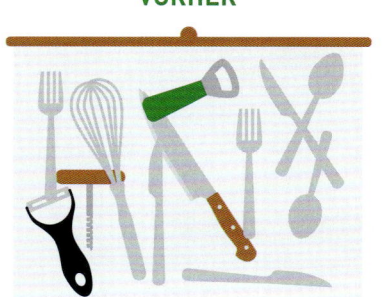

NACHHER

Tipp 87: Wer wenig Platz hat, muss erfinderisch sein. An der Wand, an, auf und in Regalen lassen sich oft noch Verstaumöglichkeiten finden.

86 Reinigung und Montage

Achte beim Kauf von Küchenhelfern immer darauf, dass die Geräte leicht zu reinigen oder spülmaschinenfest sind. Lässt das Gerät sich leicht auseinander- und zusammenbauen? Wenn nicht, **NICHT** kaufen!

87 Aufbewahrung

Hast du eine kleine Küche, dann überlege dir **VOR** dem Kauf, wo du deine Helfer verstauen willst. Küchenutensilien an der Wand aufhängen spart Platz!

88 Must-haves Küchenhelfer

Für die Haushaltscheck-Sendung „Küchenhelfer" haben wir in 100 nordrhein-westfälischen Haushalten nachgefragt, wie viele und welche Küchenhelfer sie besitzen. Das Ergebnis: Jeder Haushalt hat im Schnitt 25 (!) Stück, benutzt aber nur ein Drittel davon (!!!). Die meisten Küchenhelfer verstauben also ungenutzt im Schrank.

Aus meiner Erfahrung sind diese Helferlein (ohne und mit Kabel) unverzichtbar:

HELFER OHNE KABEL

89 Dosenöffner

Teste Dosenöffner vor dem Kauf und überlege gut, ob du dir die – manchmal echt komplizierte – Technik merken kannst! Ich habe einen Öffner, von dem NIEMAND in meiner Familie herausfinden konnte, wie und wo er die Dose öffnet! Besitzt dein neuer Dosenöffner eine Spitze vorne, kannst du dir einen Dosenstecher sparen. Übrigens eignen sich Dosenöffner auch super, um widerspenstige Blisterverpackungen zu öffnen.

90 Zitruspresse

Bei Zitronenpressen habe ich einen klaren Favoriten, siehe rechts. Ich finde diese Presse einfach

optimal für Zitrusfrüchte! Super einfach zu reinigen, und es kommt viel Saft raus! Vorher die Früchte natürlich immer schön auf der Arbeitsfläche rollen.

Wer partout keine Presse kaufen will: Du kannst auch eine Zitrusfrucht halbieren und dann mit der Gabel mehrmals einstechen. Dann stecken lassen und die halbe Frucht hin und her bewegen.

91 Korkenzieher

Kaufe nur Korkenzieher mit Seele! Das heißt, dass das Gewinde einen Hohlraum in der Mitte bildet. Die Spirale sollte nicht zu kurz sein. Sonst könnte es schwer werden, ältere (etwas bröselige) Korken aus der Flasche zu bekommen. Es gibt die unterschiedlichsten Ausführungen und Methoden. Probiere auch hier aus, was für dich am besten funktioniert! Mit einem sogenannten Kellnerbesteck machst du in der Regel aber nichts falsch. Damit bekommst du jede Flasche auf – und hast sogar noch ein kleines Messer mit dabei zum Entfernen der Kunststoffkappe.

Tipp 91: Einen Korkenzieher mit Seele erkennst du daran, dass ein Streichholz oder Zahnstocher durch den Hohlraum gesteckt werden kann. Mit Seele bohren sie sich leichter in den Korken.

ZITRUSPRESSE

Tipp 90: Meine Lieblingspresse. Einfach zu handhaben, super effektiv und leicht zu reinigen.
Die Zitronen werden mit der Schnittfläche nach unten in die Zitruspresse gelegt.

92 Schneebesen

Wähle einen Schneebesen mit Musikgeschmack, der beim Schlagen über dem Handrücken ein leicht singendes Geräusch macht. Ist der Schneebesen – egal ob groß oder klein – nicht musikalisch, wird sich so gut wie alles, was du untermischen willst, untrennbar mit den Drähten verbinden. Glaub es mir!

93 Sieb

Du brauchst zwei verschiedene Küchensiebe: einen groben Durchschlag, um Nudeln abzugießen und Salat abtropfen zu lassen, und ein feineres Sieb, um Mehl, Puderzucker oder Suppen zu passieren. Achte beim Kauf auf Langlebigkeit. Metall hält auf jeden Fall länger als Plastik.

94 Rührschüssel

In der Regel sind zwei Rührschüsseln in zwei Größen nötig. Das Wichtigste ist, dass sie gut stehen. Mach die Wackelprobe im Geschäft, sonst musst du immer ein feuchtes Tuch unterlegen, damit die Schüssel einen guten Stand auf der Arbeitsfläche hat. Gut ist auch, wenn eine Schüssel einen Deckel mit Loch hat: Spritzschutz! Für Schlagsahne lohnt sich ein hoher Rührbecher, damit es nicht so viel spritzt. Aber überprüfe vorher, dass die Rühr-schlegel deines Mixers auch bis unten hinkommen.

95 Messbecher

Zum Kochen und Backen benötigst du einen Messbecher mit unterschiedlichen Skalen für Mehl, Zucker, Reis etc. Alles gut lesbar und bitte nicht transparent auf transparent aufgemalt.

96 Frischhaltedosen

Ich bin ein Riesenfan von Frischhaltedosen. Also, um ehrlich zu sein, ich bin mehr als ein Fan. Ich liebe sie. Sie sind unersetzlich in meinem Haushalt. Aber nur dann, wenn sie eine gute Dichtung haben, die zum Säubern entfernt werden kann, und wenn sie in praktischen Größen daherkommen. Ich empfehle mindestens eine kleine für wenige Reste (zum Beispiel Eiersalat), eine mittlere Größe (übrig gebliebene Kartoffeln) und eine größere Vorratsdose (grüner Salat).

DENK DARAN: Nur runde Dosen für frische Wurst verwenden, denn nur sie verschließen luftdicht.

Für zu Hause gibt es Dosen aus Glas, die auch gefrierfähig und feuerfest sind, also auch als Auflaufform benutzt werden können. Für unterwegs eignen sich Plastikdosen

MASSEINHEITEN

Tipp 95: Mittlerweile arbeiten viele Rezepte mit Cups oder anderen Maßeinheiten aus den USA. Darum hier eine Umrechnungsgrafik für alles!

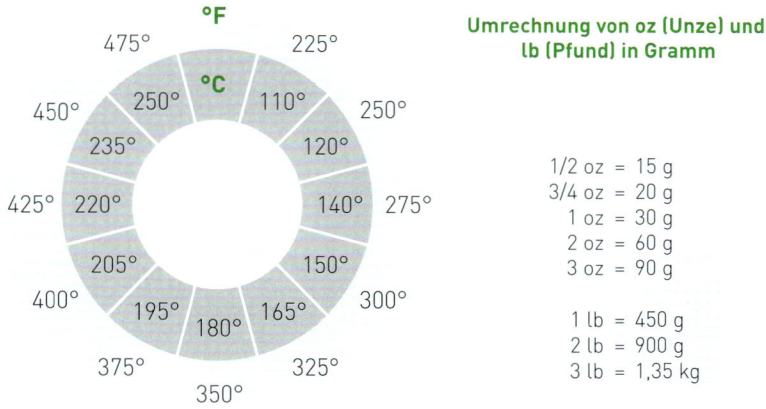

Umrechnung von oz (Unze) und lb (Pfund) in Gramm

1/2 oz = 15 g
3/4 oz = 20 g
1 oz = 30 g
2 oz = 60 g
3 oz = 90 g

1 lb = 450 g
2 lb = 900 g
3 lb = 1,35 kg

Umrechnung von Cups (Tassen) in Milliliter (ml)

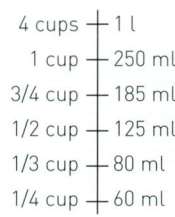

4 cups — 1 l
1 cup — 250 ml
3/4 cup — 185 ml
1/2 cup — 125 ml
1/3 cup — 80 ml
1/4 cup — 60 ml

Umrechnung von Spoons (Löffel) in Milliliter (ml)

1 teaspoon = 5 ml
1 tablespoon = 15 ml
3 teaspoons = 1 tablespoon

Umrechnung von Cups für verschiedene Zutaten

1 cup Butter = 220 g
1 cup brauner Zucker = 200 g
1 cup weißer Zucker = 225 g
1 cup Puderzucker = 125 g
1 cup Mehl = 125 g
1 cup Öl = 200 g
1 cup Wasser / Milch / Joghurt = 240 g
1 cup Reis, ungekocht = 220 g
1 cup geriebener Parmesan = 100 g

besser. Aber achte auf die Qualität! Bei Plastik minderer Qualität können Weichmacher etc. ein Problem sein. Bei Billigware verziehen sich auch Deckel und Gefäße leicht in der heißen Spülmaschine.

Zum Einfrieren nur Dosen benutzen, die dafür geeignet sind. Sie dehnen sich leicht während des Einfrierens. Harte Dosen können so brechen.

97 Ordnung im Dosenschrank

Die praktischen Frischhalter sollten nicht wild im Küchenschrank herumfliegen! Je nach Größe und Funktion erhält bei mir jedes Teil sein eigenes Plätzchen im Schrank. Das funktioniert prima mit den DIY-Sperrholztrennern (siehe Tipp 85) oder kleinen Körbchen für die Deckel und Abtroffgittern für die verschiedenen Dosengrößen. Alternativ gehen auch Geschirrhalter für die Schublade.

98 Frischhaltefolie

Beim Kauf von Frischhalte-folie achte auf einen stabilen Karton, damit du die Folie gut abreißen kannst. Drücke die Seitenlasche ein, die Rolle darf nicht zu viel Platz haben. Die Folie lässt sich noch

DIE WICHTIGSTEN ZEICHEN FÜR FRISCHHALTEDOSEN

Für Lebensmittel bestimmt

Gefriersicher

Ohne BPA und Bisphenol A

Mindest- und Höchsttemperatur

Spülmaschinenfest

Mikrowellen-geeignet

besser abrollen, wenn sie im Kühlschrank aufbewahrt wird. Auf Plastikgeschirr hält sie aber so gut wie nie.

99 Pfannenwender

Achte bei Pfannenwendern darauf, dass sie Schlitze oder Löcher haben. So wird verhindert, dass das Fett beim Wenden herumspritzt.

100 Kochlöffel

Kauf mindestens einen weichen Kochlöffel aus Holz für die beschichtete Pfanne und kennzeichne die Löffel farbig. Einen für herzhaft, einen für süß – damit der Milchreis nicht nach Risotto schmeckt ... Wenn der Kochlöffel einen runden Stiel hat: perfekt. Denn dann kannst du ihn beim Bolognese-Kochen ganz einfach hinten in das Loch des Pfannenstiels stecken (die Arbeitsfläche bleibt sauber).

101 Melamin

Kaufe keine Küchenutensilien aus Melaminharz zum Braten, Kochen oder Erhitzen in der Mikrowelle! Bei hohen Temperaturen (über 70 Grad) können Melamin und Formaldehyd austreten.

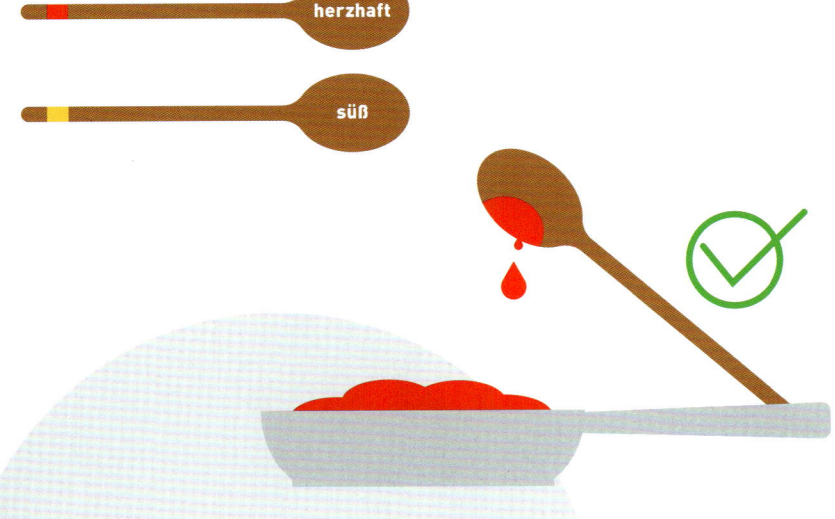

herzhaft

süß

102 Schere

Eine gute Schere ist eine Allzweckwaffe und sollte außer dem Schneiden noch mehrere Funktionen haben, zum Beispiel eine Flasche öffnen oder Nüsse knacken. Eine Schere muss stabil in der Hand liegen und darf sich auf keinen Fall labberig anfühlen. Es darf nichts wackeln oder klemmen. Die Griffe müssen rutschfest sein. Auch die Größe ist wichtig. Für Linkshänder lohnt sich eine spezielle Linkshänder-Schere.

103 Knoblauchpresse

Damit du für das Auspressen von Knoblauchzehen nicht wie ein Ochs drücken musst, suche dir eine Knoblauchpresse aus, die möglichst wenig Kraftaufwand benötigt, gut verarbeitet ist und rutschfeste, bequeme Griffe hat. Sonst nervt der Kampf mit den Knollen ...

104 Presse reinigen

Nicht alle Knoblauchpressen können in die Spülmaschine. Leicht reinigen lassen sich die Pressen mit einer (alten) Zahnbürste. Überhaupt gibt es für alte Zahnbürsten viele Einsatzmöglichkeiten im Haushalt, zum Beispiel Fugen säubern oder die Kanten an der Rückseite des Wasserhahns etc.

Tipp 104: Eine Knoblauchpresse wird schnell wieder sauber mit einer Zahnbürste. Bitte danach nicht mehr fürs Zähneputzen verwenden ...

HELFER MIT KABEL

105 Tipp vom Fachmann

Der Elektromeister meines Vertrauens, Georg Dimitrow, rät, nur Elektrogeräte mit dem Zeichen „GS – geprüfte Sicherheit" zu kaufen. Das Siegel bestätigt die Produktsicherheit für den Verbraucher, siehe „Siegelkunde" ab Seite 17.

Außerdem empfiehlt er für den Kauf von kleinen Haushaltsgeräten Mindestpreise:

· 25 Euro für einen Wasserkocher
· 40 Euro für ein Handrührgerät
· 50 Euro für einen Toaster

Es lohnt sich auch hier, gezielt nach den Reparaturmöglichkeiten, Ersatzteilen und Garantieleistungen zu fragen. Längere Garantiezeiten sind Hinweis auf bessere Qualität.

106 Handhabung

Ein Rührgerät gehört in jeden Haushalt (der keine Küchenmaschine besitzt). Schau beim Kauf nicht nur auf die Verpackung, sondern nimm die Geräte in die Hand und in Augenschein. (Das gilt im Übrigen für alle Haushaltsgeräte!) Teste sie **IMMER** auf Handlichkeit! Sind alle Schalter des Rührgeräts leicht zu erreichen, damit du es gut bedienen kannst? Sind die Rührer lang genug, um auch in höheren Mixbehältern gut zu arbeiten? Lässt es sich gut abstellen? Und vor allem, wie lang ist das Netzkabel?

107 Betriebszeit

Wirf noch im Laden einen Blick in die Bedienungsanleitung. Mitunter sind dort Hinweise auf eine begrenzte Nutzungsdauer oder

Kurzbetriebszeiten zu finden. Bei Kleingeräten wie etwa Handmixern oder Pürierstäben sollte die Betriebszeit nie unter drei Minuten liegen.

108 Aufbewahrung

Kaufe nur Elektrogeräte, die auch in deinen Küchenschrank passen.

109 Toaster

Ein kindersicherer Toaster sollte über eine automatische Abschalt- und eine Hebefunktion verfügen. Er sollte außerdem wärmeisoliert sein. Krümelschublade und regulierbarer Bräunungsgrad sind auch wichtig! Achte auf den Stromverbrauch und die Leistung! Mehr Watt bedeutet beim Toaster nicht schnellere Röstung, sondern nur mehr Energiebedarf.

110 Wasserkocher

Anders ist das bei Wasserkochern: Hier zeigt die Wattzahl tatsächlich, wie schnell das Wasser erhitzt wird. 2.000 Watt bei einer Füllmenge von 1,7 Liter sind ausreichend. Kaufe nur Wasserkocher mit Abschaltautomatik und Trockenschutzfunktion. Das heißt, das Gerät schaltet sich aus, wenn das Wasser kocht und wenn kein Wasser drin ist. Ein Deckel, der sich weit öffnen lässt, erleichtert das Einfüllen des Wassers.

ENERGIESPARTIPP: Koche immer nur so viel Wasser, wie du benötigst, das spart auch Zeit. (Teetasse mit Wasser füllen, in den Wasserkocher geben, anstellen!)

Wer regelmäßig Babymilch oder grünen Tee zubereiten will, für den lohnt sich ein Wasserkocher mit Temperaturwahl. Achtung vor Billigware: Schlecht verarbeitete Wasserkocher aus Plastik können den Geschmack des Wassers negativ beeinflussen. Wenn du ein Gerät aus Edelstahl kaufst, entscheide dich lieber für eine matte Materialoberfläche! Auf glänzendem Edelstahl sieht man jeden Fingerabdruck.

111 Must-haves in der Küche

Ich habe noch einige andere wichtige Werkzeuge in meiner Küche, die regelmäßig zum Einsatz kommen.

KLEBESTREIFEN-ABROLLER

Kauf ein Standgerät mit schwerem Fuß und achte darauf, dass die Abrisskante aus Metall und somit immer schön scharf ist!

HAMMER

Ein Schlosserhammer mit einem kleinen und leichten Kopf ist einfacher zu handhaben als ein schweres Modell. Achte darauf, dass der Hammerkopf solide mit dem

WASSERKOCHER ENTKALKEN

Tipp 110: Am einfachsten geht das mit Zitronensäure aus der Drogerie. Nach Dosieranleitung einfüllen und mit Wasser aufkochen. Nach Bedarf einwirken lassen. Ausspülen und danach zweimal mit frischem Wasser aufkochen. Fertig!

Stiel verbunden ist. Sitzt er nicht mehr fest, muss der Hammer entsorgt werden.

SCHRAUBENDREHER
Du brauchst Schlitz- und Kreuzdreher in verschiedenen Größen. Praktisch sind Sets mit verschiedenen Aufsätzen. Da passt immer einer. Schraubendreher mit integriertem Spannungsprüfer sind besonders sicher.

STIFTSCHLÜSSEL
Für gelockerte Regalschrauben, Inline-Skates oder falsch eingestellte Fahrradlenker habe ich immer ein Sechskantschlüssel-Set parat.

STIFT UND ZETTEL
Für Einkaufslisten oder Notizen müssen sie immer griffbereit liegen.

KAUFEN FÜRS KARMA
Die **WELTVERBESSERER** unter euch kaufen natürlich:

- ☐ Nur Küchenhelfer, die ihr wirklich braucht und benutzt
- ☐ Möglichst wenig Plastikprodukte
- ☐ Elektrogeräte nur mit Umweltengel
- ☐ Wenn Energielabel vorhanden, dann nur mit der besten Effizienzklasse

Tipp 105: Mit Elektromeister Georg Dimitrow habe ich unter anderem Spülmaschinen getestet. Er ist einfach der Beste!

FAZIT

111 Tipps zum Einkaufen! Bei der Fülle der Produkte und Angebote, die uns jeden Tag begegnen, war die Auswahl leicht und schwer zugleich. Leicht, weil Stefanie und ich uns seit Jahren mit dem Thema beschäftigen. Schwer, weil wir euch und uns den Spaß am Shoppen auf keinen Fall verderben wollen. Wir hoffen, ihr könnt mit unserem Buch in Zukunft noch bessere und selbstbestimmte Kaufentscheidungen treffen. Perfekt, wenn am Ende sogar Geld übrig bleibt. Uns hat die Arbeit an diesem Buch großen Spaß gemacht und wir freuen uns auf euer Feedback. Auf Facebook oder im Netz. Es wäre ganz wunderbar, wenn ihr beim nächsten Kauf von egal was mal kurz nachschaut, welchen Tipp es von uns dazu gibt.

Und wenn ihr selber einen habt: Gerne her damit!

Liebe Grüße eure

Yvonne und Stefanie

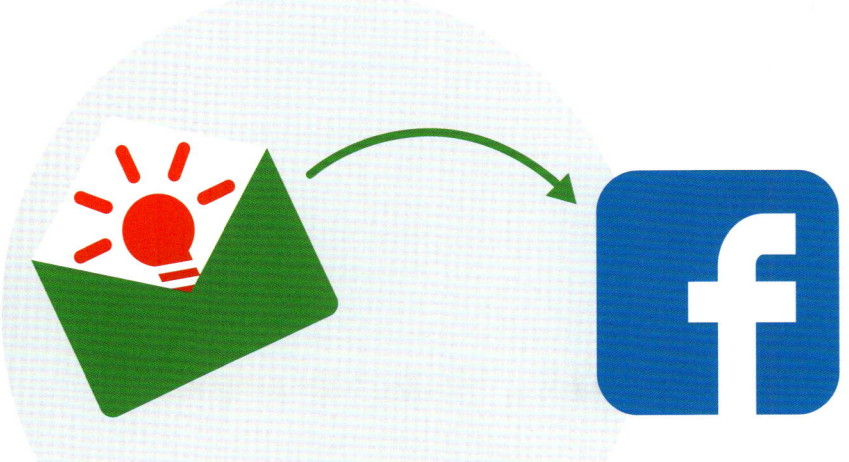

Auf meiner Facebook-Seite und auf **www.yvonnewillicks.de** könnt ihr uns schreiben.

Unsere 111 besten Küchentipps

Die Food-Journalisten und dienstältesten TV-Köche Deutschlands vermitteln in diesem Ratgeber Koch-Einsteigern wertvolle Basics und zeigen selbst Profis noch so manchen nützlichen Kniff.

Softcover, 12,5 x 19 cm, 112 Seiten,
über 100 Abbildungen und Illustrationen

ISBN 978-3-9816935-9-1
€ 9,90 [D]

Kochen und genießen mit Martina & Moritz

Lieblingsgerichte und Küchenschätze
ISBN 978-3-9816935-0-8
€ 22,- [D]

Heimatküche NRW
ISBN 978-3-9816935-1-5
€ 22,- [D]

Fernweh-Küche
ISBN 978-3-9816935-2-2
€ 22,- [D]

Verlag
edition essentials

Verlag Edition Essentials GmbH & Co. KG
Rohrbacher Straße 41 · 69115 Heidelberg

info@edition-essentials.com · www.edition-essentials.com

MARCO ⊕ POLO

POTSDAM
MIT UMGEBUNG

Nordsee
NIEDER-
LANDE
Schleswig-
Holstein
Hamburg
Mecklenburg-
Vorpommern
Bremen
Niedersachsen
Elbe
Hannover
Potsdam
Berlin
Weser
Magdeburg
Brandenburg
Nordrhein-
Westfalen
Sachsen-
Anhalt
Elbe
Düsseldorf
Erfurt
Leipzig
Dresden
Rhein
Bonn
Hessen
Thüringen
Sachsen
TSCHECH.

Reisen mit Insider Tipps

> Kultur gibt es reichlich, eine Fülle
> von Restaurants, dazu die wunder-
> schönen Schlösser, die herrlichen
> Parks. Und alles ist überschaubar,
> liegt relativ dicht beieinander.
> *MARCO POLO Autoren*
> *Kerstin Sucher und Bernd Wurlitzer*
> (siehe S. 131)

Spezielle News, Lesermeinungen und Angebote zu Potsdam:
www.marcopolo.de/potsdam

POTSDAM

Neues Palais
Park Sanssouci
Schloss Sanssou[ci]
Schloss Charlottenhof
Geschwister-Scholl-Str.
Zeppelinstr.
Havel
DB

> SYMBOLE

 Insider Tipp **MARCO POLO INSIDER-TIPPS**
Von unseren Autoren
für Sie entdeckt

★ **MARCO POLO HIGHLIGHTS**
Alles, was Sie in
Potsdam kennen sollten

☆ **SCHÖNE AUSSICHT**

⌐ **WLAN-HOTSPOT**

▶▶ **HIER TRIFFT SICH
DIE SZENE**

> PREISKATEGORIEN

HOTELS
€€€ über 120 Euro
€€   80–120 Euro
€   unter 80 Euro
Die Preise gelten für zwei
Personen im Doppelzimmer
inklusive Frühstück

RESTAURANTS
€€€ über 16 Euro
€€   12–16 Euro
€   unter 12 Euro
Die Preise gelten für ein
Hauptgericht ohne Vor- und
Nachspeise und ohne Getränke

> KARTEN

[112 A1] Seitenzahlen und
Koordinaten für den
Cityatlas Potsdam,
die Karte des Parks
Sanssouci und die
Umgebungskarte v.
Potsdam
Einen Liniennetzplan
des Stadtverkehrs Potsdam
finden Sie im hinteren
Umschlag.
Zu Ihrer Orientierung
sind auch die Objekte mit
Koordinaten versehen,
die nicht im Cityatlas
eingetragen sind